Terezie

öbv

Michael Bachlechner
Conny Benedik
Franz Graf
Franz Niedertscheider
Michael Senfter

Bausteine 4

Geschichte · Sozialkunde · Politische Bildung

www.oebv.at

Inhalt

ÜBERBLICK ÜBER DIE MODULE

Modul 1: Faschismus – Nationalsozialismus – politische Diktaturen

Modul 2: Ausgewählte Aspekte von Globalisierung im 20. und 21. Jahrhundert

Modul 3: Demokratie in Österreich in historischer Perspektive

Modul 4: Europäisierung

Modul 5: Holocaust/Shoa, Genozid und Menschenrechte

Modul 6: Geschichtskulturen – Erinnerungskulturen – Erinnerungspolitik

Modul 7: Gesellschaftlicher Wandel im 20. und 21. Jahrhundert

Modul 8: Politische Mitbestimmung

Modul 9: Medien und politische Kommunikation

Wie arbeite ich mit diesem Buch

Liebe Schülerin, lieber Schüler,

auf dieser Doppelseite zeigen wir dir, wie Bausteine 4 aufgebaut ist. Dein Schulbuch für Geschichte, Sozialkunde und Politische Bildung hat vier große Kapitel. Die Großkapitel haben Auftaktseiten, Themenseiten, Themenseiten mit Methodenschwerpunkt und Abschlussseiten.
Jedem Thema ist eine Doppelseite gewidmet.
Viel Spaß und Erfolg bei der Arbeit mit diesem Buch!

Auftaktseiten

- *Kapitelfarbe, Kapitelsymbol*
- *Das große Bild stellt die Verbindung zum Heute her.*
- *Einstiegstext als Erstinformation*
- *Am rechten Seitenrand findest du jeweils das Modul, das in dem Kapitel behandelt wird.*
- *Impulsfragen führen in ein neues Thema ein.*
- *Die Zeitleiste gibt dir eine erste Übersicht, wann bestimmte Ereignisse oder Abschnitte der Geschichte waren.*

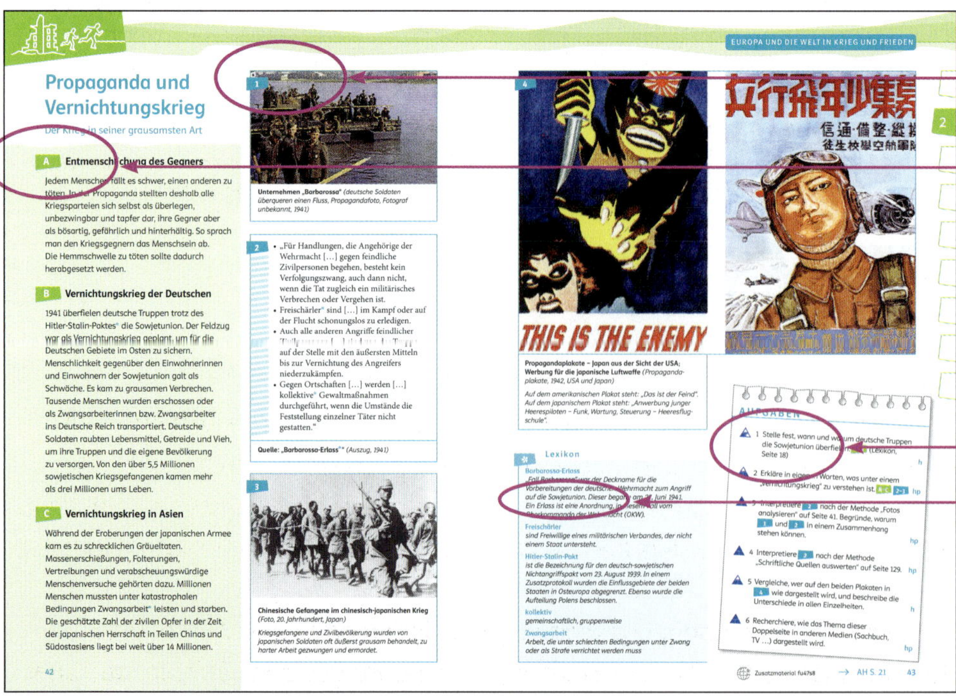

Themenseiten

- *Materialien: Fotos, Zeichnungen, Karten, Tabellen, Zusatztexte, Quellen …*
- *Informationstexte*
- *Aufgaben*
- *Im Lexikon werden Wörter mit * erklärt.*

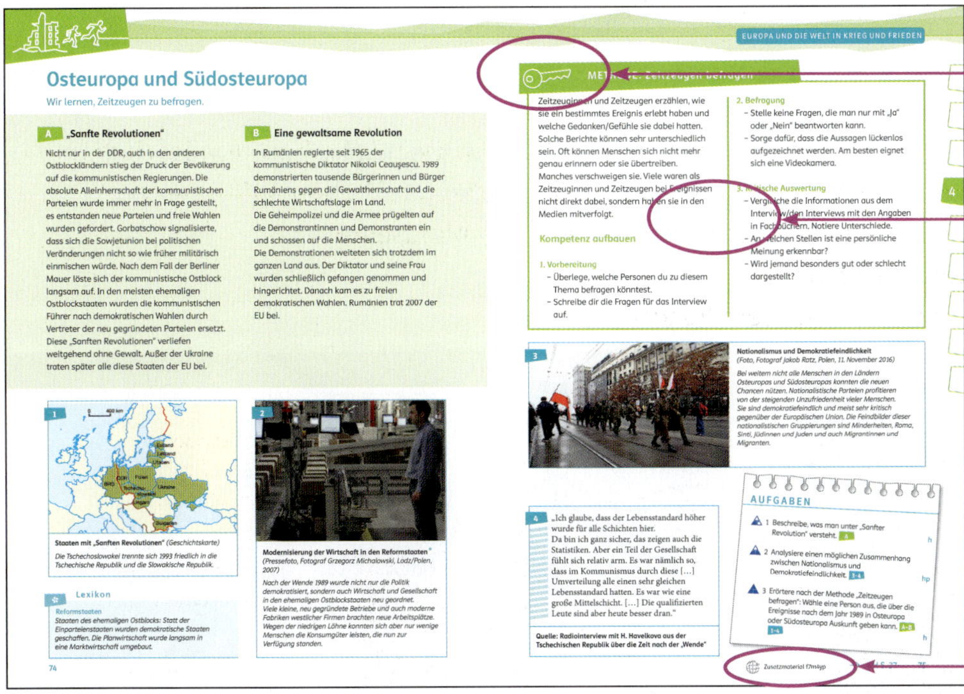

Themenseiten mit Methodenschwerpunkt

Dein Schlüssel zum erfolgreichen Forschen in Vergangenheit und Gegenwart

Methodenkasten mit genauen Anleitungen, wie du vorgehen sollst, um deine Kompetenz zu schulen.

Einen Methodenüberblick findest du ab Seite 128.

Online-Codes verweisen auf das Online-Zusatzmaterial.
Gehe auf www.oebv.at und gib den Code im Suchfeld ein → Zusatzmaterial zum kostenlosen Download

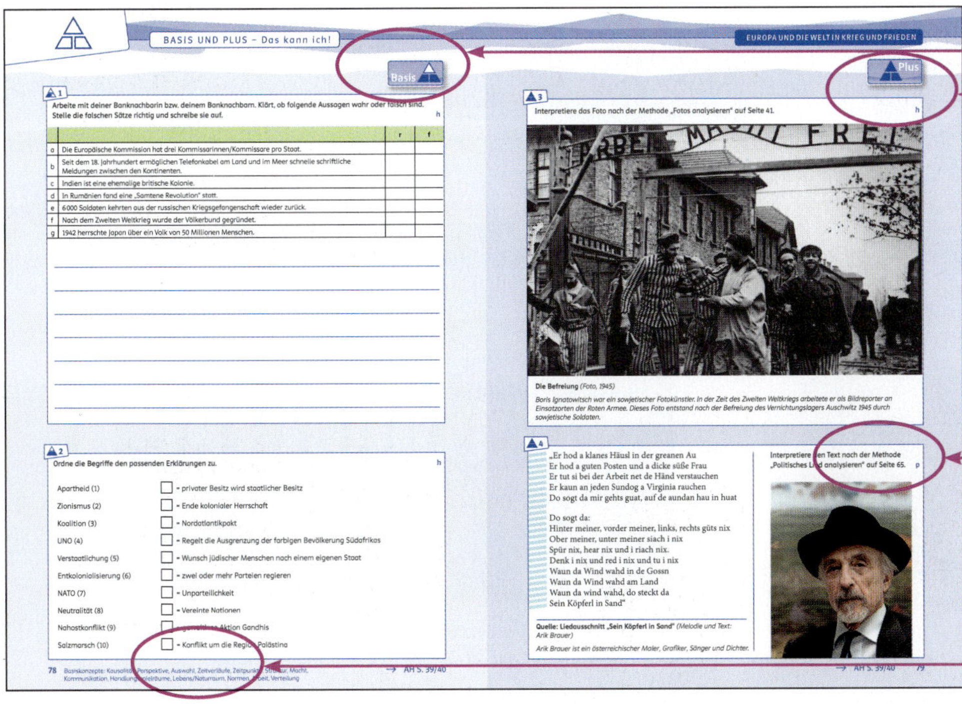

Abschlussseiten

Basis-Aufgaben zum Üben und Wiederholen

Plus-Aufgaben zum Vertiefen des Gelernten

Mit jeder Aufgabe, die du löst, baust du schrittweise Kompetenzen auf. Diese können hauptsächlich historische (h), politische (p) Schwerpunkte haben oder auch beide Bereiche betreffen (hp).

Hier siehst du, welche Basiskonzepte du schon gelernt hast.

Alle Aufgaben in diesem Buch sind mit einem dreieckigen Zeichen markiert.
Damit weißt du auf einen Blick, um welche Aufgabenart es sich handelt. Wenn du die Aufgaben löst, kannst du selbst überprüfen, was du gut beherrschst und wobei du dir noch schwer tust.

- Aufgaben mit diesem Zeichen helfen dir, Fachwissen zu erwerben und Grundfertigkeiten zu erlernen.
- Bei diesen Aufgaben kannst du dein erworbenes Fachwissen und deine erlernten Grundfertigkeiten anwenden.
- Diese Aufgaben fordern dich auf, selbstständig Lösungswege zu finden oder etwas zu beurteilen. Dabei kann es notwendig sein, dass du zusätzliche Informationen benötigst, zum Beispiel aus dem Internet oder aus Nachschlagewerken.

DIKTATUREN IN EUROPA

1

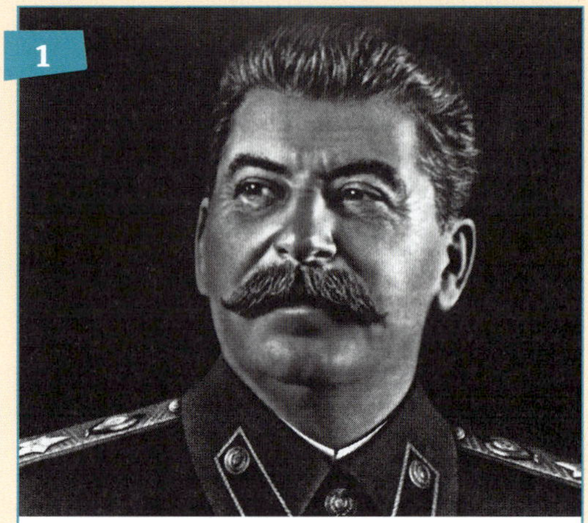

Ab 1924 *(Porträtfoto Josef Stalin, 1945)*

Josef Stalin errichtet eine kommunistische Diktatur in der Sowjetunion.

2

1919 *(Wahlplakat der bürgerlich-demokratischen Partei, Österreich, 1919)*

Wahlen in der Republik Österreich

3

1942 *(Zeichnung einer Gaskammer von Alfred Kantor, 20. Jahrhundert)*

Die planmäßige Ermordung jüdischer Menschen wird beschlossen.

4

1934 *(Propagandaplakat des Bundeskanzlers Dollfuß, Ausschnitt, Österreich, 1934)*

Ende der Demokratie in Österreich

20. JAHRHUNDERT

1900 1905 1910 1915 1920 1925 1930 1935 1940 1945 1950 1955 196

Nach dem Ersten Weltkrieg waren die Menschen vieler europäischer Staaten in Schwierigkeiten. Arbeitslosigkeit, Hunger oder auch politische Unsicherheit führten dazu, dass viele sich die Lösung der Probleme von einem „starken Mann“ erhofften. Minderheiten wurden und werden in Krisensituationen häufig für alle Probleme verantwortlich gemacht. Die Folgen können bis zum Genozid, also zum Völkermord, reichen. Rassismus und Antisemitismus gibt es weltweit bis heute.

(Foto, 2010, Ballhausplatz in Wien: Bei der Aktion am Dienstag, 20. April 2010, wurden Blätter mit den Namen der Opfer des Nationalsozialismus am Wiener Ballhausplatz niedergelegt und mit Steinen, unter anderem aus dem Steinbruch des ehemaligen KZ Mauthausen, beschwert)

IMPULSE

1 Ordne die bei den Bildern angegebene Jahreszahl in die Zeitleiste ein.

2 Beschreibe, was du unter „Demokratie“ und „Diktatur“ verstehst.

3 Überlegt zu zweit, ob ihr in einer Diktatur ein sichereres oder ein gefährlicheres Leben hättet.

21. JAHRHUNDERT

965 1970 1975 1980 1985 1990 1995 2000 2005 2010 2015 2020 2025

Kein Kaiser mehr in Österreich

Die Erste Republik*

A Ein schwieriger Beginn

Am 11. November 1918 verzichtete Kaiser Karl I. darauf, weiter zu regieren. Als am Tag darauf die Republik ausgerufen wurde, gab es bewaffnete Auseinandersetzungen und viele offene Fragen:

- Sollte der neue Staat Deutsch-Österreich kommunistisch regiert werden?
- Sollte eine Demokratie* angestrebt werden?
- Sollte sich Österreich an Deutschland anschließen?
- Welche Grenzen würde der neue Staat haben?
- Wie sollten die wirtschaftlichen und sozialen Probleme gelöst werden?
- Wie könnte den hungernden Menschen geholfen werden?

B Friedensvertrag

Nach dem Friedensvertrag von St. Germain* vom 10. September 1919 erhielt der neue Staat den Namen Österreich. Auch die neuen Grenzen wurden bestimmt. Über den Verlust von Gebieten, besonders den von Südtirol, waren viele Menschen enttäuscht. Ein Zusammenschluss mit Deutschland wurde verboten. Von ihm hatten sich viele Menschen eine Lösung der wirtschaftlichen Probleme erwartet. Dass das nun klein gewordene demokratische* Österreich seine Probleme alleine lösen könnte, wurde von Teilen der österreichischen Bevölkerung bezweifelt. Im Februar 1919 fanden erstmals Wahlen, an denen auch Frauen teilnehmen konnten, statt. Die Christlichsozialen, die Sozialdemokraten und die Großdeutschen erhielten die meisten Stimmen. 1920 gelang es, Österreich eine demokratische Verfassung* zu geben. Sie ist mit einigen Änderungen noch immer gültig.

1

„Seit meiner Thronbesteigung war ich unablässig bemüht, Meine Völker aus den Schrecknissen des Krieges herauszuführen, an dessen Ausbruch ich keinerlei Schuld trage. Ich habe nicht gezögert, das verfassungsmäßige Leben wiederherzustellen und habe den Völkern den Weg zu ihrer selbständigen staatlichen Entwicklung eröffnet. Nach wie vor von unwandelbarer Liebe für alle Meine Völker erfüllt, will ich ihrer freien Entfaltung Meine Person nicht als Hindernis entgegenstellen. Im Voraus erkenne ich die Entscheidung an, die Deutschösterreich über seine künftige Staatsform trifft. Das Volk hat durch seine Vertreter die Regierung übernommen. Ich verzichte auf jeden Anteil an den Staatsgeschäften. Gleichzeitig enthebe ich Meine österreichische Regierung ihres Amtes. Möge das Volk von Deutschösterreich in Eintracht und Versöhnlichkeit die Neuordnung schaffen und befestigen. Das Glück meiner Völker war von Anbeginn das Ziel Meiner heißesten Wünsche. Nur der innere Friede kann die Wunden dieses Krieges heilen."

Quelle: Regierungsverzicht Kaiser Karls I. am 11. November 1918

Nach dem Tod Kaiser Franz Josephs im Jahr 1916 übernahm Karl I. die Macht in Österreich-Ungarn. Vergeblich wollte er in Geheimverhandlungen einen Friedensschluss mit den Entente-Staaten erreichen. Am 11. November 1918 verzichtete er auf die Herrschaft. Von der Schweiz aus versuchte er, in Ungarn nochmals die Monarchie herzustellen. Deshalb wurde er von den Siegermächten auf die Insel Madeira verbannt. Dort starb er 1922.

2

Karl Renner *(Foto, 1950)*

Dr. Karl Renner sollte die Friedensverhandlungen für Österreich in St. Germain leiten. Nach dem Ersten Weltkrieg wurde er Österreichs erster Staatskanzler. Als österreichischer Bundespräsident war er von 1945–1950 im Amt.

3

Wahlplakate 1919

Auf dem linken unteren Bild versucht eine Menschenmasse, die Kaiserkrone umzustürzen. Diese gräbt sich in die Menschen und erdrückt sie.

Lexikon

Demokratie/demokratisch
bedeutet „Herrschaft des Volkes". Bei dieser Regierungsform dürfen alle Staatsangehörigen ab einem bestimmten Alter durch zum Beispiel Wahlen oder Volksabstimmungen mitbestimmen. Dabei sind alle gleichberechtigt.

Republik
lateinisch: res publica = öffentliche Sache; Republik ist eine Staatsform. Für Österreich bedeutet das, dass alle wahlberechtigten Staatsbürgerinnen und Staatsbürger das Staatsoberhaupt und die Volksvertreterinnen und Volksvertreter wählen. Eine Monarchie ist eine Alleinherrschaft, in der zum Beispiel eine Königin oder ein König herrscht.

St. Germain
Vorort von Paris, wo am 10. September 1919 der Friedensvertrag zwischen den Siegermächten und Österreich unterzeichnet wurde; Österreich war von den Verhandlungen ausgeschlossen gewesen.

Verfassung
Die Grundregeln, nach denen ein Staat regiert werden darf, werden in der Verfassung festgelegt. In einer Demokratie gehören die Kontrolle der Macht und die Einhaltung der Menschenrechte dazu.

AUFGABEN

1 Arbeite heraus, warum sich viele Menschen große Sorgen um die Zukunft Österreichs machten. A-B 1 — h

2 Fasse die Situation Österreichs nach dem Ersten Weltkrieg zusammen. A-B 1-3 — h

3 Interpretiere 1 nach der Methode „Schriftliche Quellen auswerten" auf Seite 129. — hp

4 Bildet Gruppen zu drei Personen. Ordnet den Plakaten in 3 folgende Begriffe zu: brennende Fackel (1) – Kaiserkrone (2) – Bombe (3) – kaiserlicher Offizier (4) – rote Arbeitermütze (5) – Handwerkerschürze (6) – reicher Mann (7) – Priester (8) – Wien (9) – österreichische Fahne (10). — p

5 Interpretiere ein Plakat nach der Methode „Plakate analysieren" auf Seite 131. 3 — hp

6 Recherchiere einige Artikel der österreichischen Verfassung. (Lexika, Internet) — hp

Ende und Anfang

Dramatische Veränderungen

A Europa in der Krise

Durch den Ersten Weltkrieg verloren etwa 15 Millionen Menschen ihr Leben. Einige Gebiete Europas waren zerstört. Fast alle Staaten hatten große Schulden und Schwierigkeiten, von Kriegswirtschaft auf Friedenswirtschaft umzustellen. Der Einfluss Europas auf seine Kolonien sank.
Viele Arbeitslose und ihre Familien hungerten. Sieger und Besiegte waren gleichermaßen betroffen. Es gab aber keine Zusammenarbeit zur Lösung der Wirtschaftsprobleme. Die verbreiteten Existenzängste machten es radikalen Parteien* und deren Führern leichter, Menschen für ihre Ideen zu gewinnen. Frankreich und Großbritannien hatten ihre Kriegskosten mithilfe US-amerikanischer Kredite finanziert. Dadurch waren sie finanziell abhängig von den USA. Österreich und Deutschland mussten Gebiete an andere Länder abtreten. Zusätzlich verlangten die Siegermächte hohe Entschädigungszahlungen. Die USA wurden zu einem der reichsten Staaten der Welt.

B Die Weimarer Republik

Nach Arbeiterstreiks in Berlin dankte Kaiser Wilhelm II. im November 1918 ab. Daraufhin versammelte sich das Parlament aus Angst vor Putschversuchen* radikaler Parteien in Weimar. Deshalb wird die erste deutsche Republik „Weimarer Republik" genannt.
Die demokratisch gewählte Regierung stand vor großen wirtschaftlichen Problemen. Außerdem empfand die Mehrheit der Bevölkerung den Friedensvertrag von Versailles* als ungerecht. Absichtlich verbreitete Lügen von ehemaligen Offizieren gaben den demokratischen Politikern die Schuld an der Niederlage im Krieg. Diese ungerechtfertigte Schuldzuweisung führte auch dazu, dass die radikalen Parteien immer mehr Anhängerinnen und Anhänger gewannen.

1

Porto für einen Brief bis 20 g

1.10.1918	0,15 Mark
1.10.1919	0,20 Mark
1.4.1921	0,60 Mark
1.7.1922	3,00 Mark
1.7.1923	300,00 Mark
1.10.1923	2 000 000,00 Mark
1.11.1923	100 000 000,00 Mark
12.11.1923	10 000 000 000,00 Mark
1.12.1923	100 000 000 000,00 Mark

Inflation*

Der 100 000 000 000 000-Mark-Geldschein hat den höchsten Zahlenwert, der jemals in Deutschland in Umlauf gebracht wurde (1924). Im November 1923 verdiente ein Lehrling in Deutschland eine Billion Mark. 100 Milliarden Mark kostete im Dezember 1923 das Porto für einen Brief.

2

Archiv

Veranstaltungsplakat der Nationalsozialistischen Deutschen Arbeiterpartei (NSDAP) *(1931)*

Die NSDAP war eine Partei, die die Bestimmungen des Friedensvertrags von Versailles bekämpfte. Außerdem gaben ihre Mitglieder den demokratischen Politikern die Schuld an der Niederlage im Ersten Weltkrieg.

3

Europäische Staaten vor und nach dem Ersten Weltkrieg *(Geschichtskarte)*

Lexikon

Friedensvertrag von Versailles
ist der Vertrag zwischen den Siegermächten des Ersten Weltkriegs und dem Deutschen Reich, dem die alleinige Schuld am Ausbruch des Krieges gegeben wurde. Deutschland verlor große Gebiete. Das deutsche Heer durfte nur 100 000 Mann stark sein und keine Panzer, U-Boote, Schlachtschiffe und Flugzeuge besitzen. Die Wehrpflicht wurde verboten.

Inflation
bedeutet Wertverlust des Geldes. Der Staat lässt immer mehr Geld drucken, die Warenmenge wird aber nicht vermehrt. Dies führt zu steigenden Preisen. Sachwerte wie Grundstücke, Häuser oder Schmuck behalten eher ihren Wert. Wer Schulden hat, kann sie nun leichter zurückzahlen.

Putschversuch
Parteiführer oder Militärbefehlshaber versuchen in einer überraschenden, meist gewaltsamen Aktion, die Macht im Staat zu übernehmen.

radikale Partei
Anhängerinnen und Anhänger radikaler Parteien wollen politische und gesellschaftliche Probleme ändern, ohne auf die Meinungen anderer einzugehen. Sie lehnen Meinungsfreiheit und Demokratie ab.

AUFGABEN

1 Zähle auf, welche Probleme die meisten europäischen Staaten nach dem Ende des Ersten Weltkrieges hatten. A–B h

2 Erkläre, warum sich einige europäische Staaten von den USA abhängig machten. A hp

3 Stelle fest, warum viele Menschen der demokratisch gewählten Regierung in Deutschland die Schuld an der Krise gaben. B hp

4 „Auch Milliardäre können verhungern!" Begründe diese Aussage mit 1. hp

5 Interpretiere das Plakat in 2 nach der Methode „Plakate analysieren" auf Seite 131. hp

6 Interpretiere 3 nach der Methode „Geschichtskarten lesen" auf Seite 129. hp

Zusatzmaterial 9g2gg6 → AH S. 5

Die Wirtschafts-macht USA …

… stürzte Europa in eine neue Krise.

A Wirtschaftsboom*

Nach dem Ersten Weltkrieg gehörten die USA zu den reichsten Staaten der Welt. Zum ersten Mal wurden Autos, Kühlschränke, Waschmaschinen oder Kleidung in Massenproduktion am Fließband* hergestellt. Immer mehr Familien mit durchschnittlichem Einkommen leisteten sich die billigen Massenprodukte. Massenwerbung in Rundfunk, Zeitschriften und Zeitungen begann. Ein Merkmal des „American way of life" war, dass mehr als die Hälfte der Bevölkerung diese Güter auf Kredit kaufte. Viele Firmen machten hohe Gewinne.

B Wirtschaftsdepression*

Der Wert der meisten Aktien* stieg dauernd an. So kauften viele Amerikanerinnen und Amerikaner Aktien auch auf Kredit. Sie hofften, durch den rasch steigenden Wert der Aktien ihre Schulden zurückzahlen zu können, Gewinne zu machen, und so für Krankheit und Alter vorsorgen zu können. Als im Oktober 1929 die meisten Aktienwerte stark fielen, brach Panik aus. Millionen Menschen versuchten, ihre Aktien so rasch wie möglich zu verkaufen, was diese Aktien wertlos machte. Nach diesem Börsenkrach mussten viele Firmen schließen. Massenarbeitslosigkeit war die Folge.

C Weltwirtschaftskrise

Weil Kredite nicht zurückgezahlt werden konnten, kamen US-Banken in Schwierigkeiten. Zum Ausgleich zogen sie ihre Kredite aus Europa zurück. Dadurch entstand auch in Europa Geldmangel, die Produktion ging zurück und die Arbeitslosigkeit stieg. Die gesamte Weltwirtschaft war von der Krise in den USA betroffen: Sie wurde zur Weltwirtschaftskrise.

1

Geschäftsjahr	Preis in US-Dollar	Produktion in Stück (gerundet)
1908/09	850,00	1000
1910/11	780,00	34000
1912/13	600,00	168200
1914/15	490,00	300000
1916/17	360,00	785400
1918/19	525,00	533700
1920/21	bis 300,00	1250000

Wirtschaftswachstum – Autoindustrie in den USA
(Ford T, Baujahr 1914, Foto 2008)

2

Wirtschaftskrise – Suppenküche für Arbeitslose
(Foto, Fotograf unbekannt, 1930, New York/USA)

In den USA gab es in der Zwischenkriegszeit keine verpflichtende Kranken- und Pensionsversicherung. Menschen aller Schichten, die arbeitslos wurden und keine Ersparnisse hatten, litten binnen kürzester Zeit bittere Not. Sie verloren ihre Wohnung, konnten sich keine ärztliche Versorgung mehr leisten und mussten sich um Gratissuppen anstellen.

3

Wirtschaftsaufschwung – „New Deal"
(Foto, 2015, Hoover-Staudamm/USA)

Die US-amerikanische Regierung finanzierte nach dem Börsenkrach mit Staatsgeldern den Bau von Großprojekten wie Staudämmen, Flussregulierungen, Sportstätten und Gebäuden. Für die USA war das eine neue Situation. Zum ersten Mal griff der Staat direkt in die Wirtschaft ein. Dadurch wurden neue Arbeitsplätze geschaffen und die Nachfrage nach Waren aller Art stieg an. Die Wirtschaft wuchs wieder. Während der Präsidentschaft von Franklin Roosevelt (1933–1945) wurde dieses Reformprogramm „New Deal" genannt.

Beim Bau der Staumauer des abgebildeten Hoover-Staudamms waren von 1931–1935 durchschnittlich 3 500 Arbeiter beschäftigt.

4

John Maynard Keynes *(Foto, erschienen in der Illustrated London News Ltd, 1946)*

Die Grundidee des britischen Wirtschaftsforschers war folgende: In einer Wirtschaftskrise soll der Staat große öffentliche Projekte finanzieren, auch wenn dies zu einer Staatsverschuldung (Defizit) führt. Die Arbeitslosigkeit werde dann sinken, die allgemeine Güternachfrage steigen und das Wirtschaftswachstum wieder beginnen. Ist die Krise vorbei, soll der Staat sparen und Schulden abbauen. Die Arbeitgeber und Arbeitnehmer sollten als „Sozialpartner" zusammenarbeiten. Der amerikanische Präsident Roosevelt und die skandinavischen Länder bekämpften nach seinen Ideen die Wirtschaftskrise. Frankreich, Deutschland und Österreich sparten bei den Staatsausgaben.

Lexikon

Aktie
Anteilschein; Wertpapier, mit dem man Miteigentum und eine Beteiligung am Gewinn eines Unternehmens kauft

Massenproduktion am Fließband
Der Herstellungsprozess wird in so kleine Einheiten aufgeteilt, dass jede Arbeitskraft nur noch wenige Handgriffe machen muss. Diese können leicht erlernt werden. Dadurch kann man sehr rasch und billig produzieren.

Wirtschaftsboom
Die Wirtschaft wächst besonders stark.

Wirtschaftsdepression
Die Produktion sinkt auf einen Tiefpunkt und dadurch geht die Wirtschaftsleistung stark zurück. Die Folgen sind hohe Arbeitslosenzahlen und Massenarmut.

AUFGABEN

1 Nenne Gründe für den Wirtschaftsboom. A — h

2 Arbeite aus 1 heraus, um wie viel Prozent der Autopreis von 1910/11 bis 1920/21 gesunken ist. Warum war das möglich? Ermittle, welche Ursachen der Preisanstieg von 1916/17 auf 1918/19 gehabt haben könnte. A — hp

3 Erkläre in eigenen Worten, warum Menschen Aktien kauften. B 2 — h

4 Nenne die Folgen des Börsenkrachs. B–C 2 — hp

5 Erkläre, wie die Idee von Keynes die Politik von Roosevelt beeinflusste. 3–4 — hp

Autoritäre Systeme ...

... im Europa der 1930er Jahre

A Totalitär oder autoritär

In Krisenzeiten unterstützen Menschen häufig radikale Parteien. Die Folge davon kann die Errichtung einer diktatorischen Herrschaftsform (eines Regimes) sein.
Totalitäre Regime sind Diktaturen mit starken Ideologien, die in alle Lebensbereiche eingreifen. Es soll ein „neuer Mensch" geschaffen werden. Der Stalinismus in der Sowjetunion* oder der Nationalsozialismus im Deutschen Reich sind Beispiele dafür.
Autoritäre Regime sind diktatorisch und fordern unbedingten Gehorsam. In einer autoritären Verfassung sind die demokratischen Rechte sehr stark eingeschränkt. Einzelne Personen (= Diktator) oder Gruppen (Militär, Partei...) stehen an der Spitze. Ein autoritäres System ist nicht automatisch an eine bestimmte Ideologie gebunden. Österreich von 1933 bis zum Anschluss an das Deutsche Reich 1938 oder Italien unter Mussolini sind Beispiele für autoritäre Regime.

B Österreich

Die „Vaterländische Front" regierte von 1933 bis 1938 ohne Parlament. Sie sollte die einzige politische Organisation sein. Ihr Symbol war das Kruckenkreuz. Im Mai 1934 wurde eine autoritäre Verfassung beschlossen und der „Ständestaat" ausgerufen. Vertreter der verschiedenen Berufsgruppen (Stände) sollten die Interessen der Bevölkerung wahrnehmen. Andere politische Parteien wurden verboten, so auch die Sozialdemokraten.
Viele Sozialdemokraten bezeichnen die Zeit des Ständestaates als „Austro-Faschismus", weil in dieser Zeit die bis dahin gültige demokratische Verfassung von 1920 abgeschafft wurde. Bis heute ist die Bewertung dieser Zeit umstritten.

1

Bundeskanzler Dollfuß mit der neuen, autoritären Verfassung vom 1. Mai 1934 *(Propagandaplakat 1934)*

2

„[...] wir wollen den sozialen, christlichen, deutschen Staat Österreich auf ständischer Grundlage, unter starker, autoritärer Führung! Autorität heißt nicht Willkür, Autorität heißt geordnete Macht, heißt Führung durch verantwortungsbewusste, selbstlose, opferbereite Männer. [...] so wollen wir [...] die wir der Kriegsgeneration angehören, selbstlos in der Führung des österreichischen Staates nichts als unsere Pflicht ausfüllen [...]"

Quelle: Auszug aus der Rede von Engelbert Dollfuß am Trabrennplatz im Wiener Prater *(11.9.1933)*

3

Mussolini, Führer der Faschisten *(1922–1945)*
(Ausschnitt aus einem Propagandaplakat um 1930)

Benito Mussolini war nicht nur der Führer (= „Duce“) der einzigen erlaubten Partei. Er war auch der Chef der Regierung und oberster Befehlshaber der Armee. Mussolini und seine Anhängerschaft waren gegen die Demokratie eingestellt. Propaganda bei Veranstaltungen, auf Plakaten, in Zeitungen und Filmen sollte Werbung für die faschistischen Ideen machen. Die italienischen Faschisten übten massiven Terror und Gewalt gegen Andersdenkende aus. Politische Gegnerinnen und Gegner wurden von der Geheimpolizei eingesperrt, gefoltert und ermordet. Von der Bevölkerung wurde bedingungsloser Gehorsam gefordert.
Faschisten sind Nationalisten. Nur Mitglieder des eigenen Volkes werden akzeptiert, andere Volksgruppen werden als minderwertig betrachtet.

5

Foto Massenveranstaltung *(Propagandafoto, Fotograf Roger Viollet, Rom, 1925)*

Die Faschisten nutzten Massenveranstaltungen, um beim Volk das Gefühl von Zusammengehörigkeit und Stärke hervorzurufen. Vorbilder für ihren Staat waren die Größe des antiken Römischen Reiches und der Imperialismus des 19. Jahrhunderts.

4

- ☐ Gewaltenteilung
- ☐ Demokratie
- ☐ Menschenrechte werden geachtet
- ☐ extremer Nationalismus
- ☐ Diktatur
- ☐ gegen Sozialismus
- ☐ gegen Kommunismus
- ☐ gegen Liberalismus
- ☐ Herrschaft durch Angst, Terror, Mord
- ☐ Pressefreiheit und Versammlungsfreiheit
- ☐ Verbot anderer Parteien
- ☐ Einheitspartei
- ☐ demokratische Wahlen
- ☐ Massenveranstaltungen
- ☐ Symbole
- ☐ Parlament

Was sind Merkmale autoritärer Regime?

Lexikon

Sowjetunion
Die Sowjetunion ist der Nachfolgestaat des russischen Zarenreiches nach der Russischen Revolution. Sie existierte von 1922 bis 1991 und wurde auch als „Union der Sozialistischen Sowjetrepubliken“, kurz UdSSR, bezeichnet.

AUFGABEN

1 Erkläre die Begriffe „Ständestaat“ und „Austro-Faschismus“. Begründe, warum verschiedene Begriffe verwendet wurden. B 1–2

2 Stelle fest, welche Merkmale ein autoritäres Regime hat. Kreuze in 4 die passenden Merkmale an. A–B 3, 5

3 Interpretiere und vergleiche 1 und 3 nach der Methode „Plakate analysieren“ auf Seite 131.

4 Untersuche die Rede in 2. Wen spricht Dollfuß damit an?

Zusatzmaterial 9xf3nc

Diktatur der Armen?

Die Sowjetunion wird zur Industrienation.

A Stalinismus

Mit der Lehre von Karl Marx rechtfertigten die russischen Diktatoren Lenin (1917–1924) und Stalin (1922–1953) einen absoluten Herrschaftsanspruch. Keine andere Meinung wurde geduldet. Wer in Verdacht geriet, gegen die Herrschaft der KP (= Kommunistischen Partei) zu sein, wurde zum Staatsfeind erklärt und verhaftet. Millionen Menschen starben in den Arbeitslagern. Der Staat kontrollierte Zeitungen, den Rundfunk und später das Fernsehen. Stalin wurde als fürsorglicher Staatsmann dargestellt. Wer seine Person anzweifelte, wurde verfolgt. Sogar viele ehemalige Weggefährten wurden verbannt oder ermordet. Verdächtige wurden oft aufgrund gefälschter Beweise angeklagt und verurteilt. Die Zahl der Häftlinge während der Regierungszeit Stalins wird auf 20 Millionen geschätzt. So wurde das Volk ständig in Angst gehalten.

B Alles nach Plan?

Um die Sowjetunion so rasch wie möglich zu einer Industrienation zu machen, wurde die absolute Kontrolle des Staates über die Wirtschaft eingeführt. In Fünfjahresplänen wurden wirtschaftliche Ziele vorgeschrieben.
Deshalb nennt man dieses Wirtschaftssystem Planwirtschaft. Mit tausenden Zwangsarbeiterinnen* und Zwangsarbeitern, aber auch vielen Freiwilligen, schaffte die Sowjetunion den Aufbau der Industrie. Straßen, Kanäle und Eisenbahnen wurden gebaut, Hochöfen und riesige Wasserkraftwerke errichtet. Besonders in Sibirien wurden Erdölfelder und Kohlelagerstätten erschlossen. In wenigen Jahrzehnten wurde die Sowjetunion zur zweitgrößten Industrienation der Welt. Planvoll wurde auch die Bevölkerung im Sinne Stalins beeinflusst. In der Schule, in den Staatsbetrieben, bei Theateraufführungen, Kundgebungen und Sportveranstaltungen, überall wurde Propaganda betrieben.

1

„Väterchen" Stalin *(Propagandaplakat von Hellmich/Weber, Leipzig 1952)*

Josef Stalin war ab 1922 Führer der KP und blieb bis 1953 Diktator in der Sowjetunion. Er ließ sich aus Propagandagründen häufig mit Kindern abbilden.

2

Russische Zivilbevölkerung auf der Suche nach Essen *(gesprengtes, deutsches Heeresverpflegungslager, Pressefoto, Fotograf Paul Botzenhardt, 1942)*

Unter Stalin wurden die landwirtschaftlichen Flächen verstaatlicht. Die Bauern wurden enteignet und landwirtschaftliche Betriebe (Kolchosen) gegründet. Das nannte man „Zwangskollektivierung". Dies führte zu einem enormen Rückgang in der Produktion.

3

VI. Parteitag der SED 1963 in Ost-Berlin *(im Vordergrund: der Erste Sekretär des ZK der SED, Walter Ulbricht, 2. Reihe, 2.v.li.: Nikita Chruschtschow, Regierungschef der Sowjetunion, Foto, 18.1.1963)*

Die Deutsche Demokratische Republik, kurz DDR, existierte von 1949 bis 1990. Regiert wurde sie von Angehörigen der Sozialistischen Einheitspartei Deutschlands (SED). Gewaltenteilung oder unabhängige Gerichte existierten in dieser Diktatur nicht. Die Wirtschaft wurde auf Planwirtschaft umgestellt. Die DDR war wirtschaftlich eng an die Sowjetunion gebunden und von ihr abhängig. Bodenreformen sorgten für die Enteignung von Großgrundbesitzern. Kleinbäuerinnen und Kleinbauern wurden in landwirtschaftliche Genossenschaften gezwungen.

4	**Festnahmen gesamt 1937/38**	**Häftlinge in Lagern + Gefängnissen 1938**
Anton Antonov-Ovseenko	18,8 Mio	16 Mio
Robert Conquest	7–8 Mio	Ca. 8 Mio
wissenschaftlich erforscht	ca. 2,5 Mio	2,0 Mio
	Tote in Lagern 1938	**Exekutionen 1937/38**
Anton Antonov-Ovseenko	k.A.	k.A.
Robert Conquest	2 Mio	1 Mio
wissenschaftlich erforscht	160 084	681 692

Schätzungen des Ausmaßes stalinistischer Gewalt 1937/38 *(nach Forschungen des Historikers M. Hildermeier, 1998)*

Die Zahl der Opfer des stalinistischen Terrors kann nur geschätzt werden. Historiker versuchten, aufgrund von Augenzeugenberichten die Zahl der Opfer anzugeben. Erst nach dem Sturz der kommunistischen Regierung konnten die Dokumente der Geheimpolizei veröffentlicht werden.

Lexikon

Zwangsarbeiter/Zwangsarbeiterin
Ein Mensch muss unter Androhung von Gewalt arbeiten, in vielen Fällen sogar sehr schwere Arbeiten verrichten.

AUFGABEN

1 Nenne die Merkmale des Stalinismus. A — h

2 Vergleiche die Sowjetunion unter Stalin und die DDR in Bezug auf Wirtschaft und Politik. A–B 2–4 — h

3 Interpretiere 1 oder 2 nach der Methode „Bilder lesen“ auf Seite 128. — h

4 Erkläre die unterschiedlichen Zahlenangaben in 4. Schreibe deine Vermutungen auf. — h

5 Interpretiere 4 nach der Methode „Statistiken auswerten“ auf Seite 131. — h

6 Nimm Stellung zum Titel „Diktatur der Armen?“ Vergleiche dazu die Theorie des Kommunismus mit der Praxis des Stalinismus. A–B — hp

→ AH S. 8

Ideologie der Unmenschlichkeit

Für die Nationalsozialisten waren nicht alle Menschen gleichwertig.

A Nationalsozialismus*

Die Grundsätze des Nationalsozialismus veröffentlichte Adolf Hitler (1933–1945) in seinem Buch „Mein Kampf" bereits 1925. Alle Deutschen sollten in einem Staat leben und sich dem Willen ihres „Führers" unterwerfen. Menschen mit Behinderung, Andersdenkende und als „Fremdrassige*" bezeichnete Personen waren vollkommen ausgeschlossen. In seinen Reden forderte Hitler die Erziehung des Volkes zu fanatischem Nationalismus. Für ihn war der Glaube an die Überlegenheit der „arischen Rasse*" entscheidend. Er glaubte, dass die Geschichte ein ständiger Kampf um die „Vergrößerung des Lebensraumes" sei. Vor allem Osteuropa wurde deshalb zum Ziel für Eroberungen.

B Feindbild: Demokratie

Für die Nationalsozialisten waren die demokratischen Parteien schuld an der Niederlage im Ersten Weltkrieg und an der Wirtschaftskrise. Daher sollten demokratische Wahlen, demokratische Parteien und Parlamente abgeschafft werden.

C Feindbild: Jüdinnen und Juden

Personen, die jüdische Menschen hassen und verachten, nennt man Antisemitinnen und Antisemiten. Hitler und seine Gefolgsleute waren fanatische Antisemitinnen und Antisemiten. Die jüdische Bevölkerung war für sie der willkommene Sündenbock, dem man die Schuld an allen Problemen gab. Die Nationalsozialistinnen und Nationalsozialisten verfolgten Jüdinnen und Juden als die größten Feindinnen und Feinde des deutschen Volkes.

1

Rat und Hilfe *(Propagandaplakat der NSDAP von René Ahrlé, April 1933)*

Auf dem Plakat verkörpert der Adler Macht und Kampfbereitschaft. Er schützt die Familie. Mit diesem Bild sollte bei den Deutschen ein Gefühl des Vertrauens in die NSDAP erzeugt werden.

2

Genau geplante Hetze gegen jüdische Kaufleute *(Propagandafoto, 1. April 1933, nachträglich gefärbt)*

Der Mann in nationalsozialistischer Uniform und die Plakate verdeutlichen, wie die jüdische Bevölkerung ausgegrenzt und boykottiert wurde. Niemand sollte in jüdischen Geschäften einkaufen.

3

Die propagandistische Sprache der Nationalsozialisten

Für die Beschreibung grausamer Taten verwendeten Nationalsozialisten verharmlosende Ausdrücke.
Ist dir aufgefallen, dass in diesem Kapitel einige Wörter unter Anführungszeichen stehen? Dies ist in allen Nationalsozialismus-Kapiteln so. Damit wollen dich die Autorin und die Autoren dieses Buches auf Ausdrücke aufmerksam machen, die von der nationalsozialistischen Propaganda neue Bedeutungen erhielten oder neu geschaffen wurden und deren Verwendung heute noch umstritten ist. Wenn du solchen Begriffen begegnest, ist es wichtig, dass du dir überlegst, zu welchem Zweck sie verwendet werden:
- *bewusst, um damit eine Verbundenheit mit den Ideen der Nationalsozialisten auszudrücken?*
- *bewusst, um die Schrecken des Nationalsozialismus aufzuzeigen?*
- *unbewusst, weil die Person, die die Begriffe verwendet, ihre nationalsozialistische Bedeutung nicht kennt?*

4

GROSS (Goebbels)	SCHLANK (Göring)	BLOND (Hitler)

Karikatur: „Der ideale Arier muss sein:“
(Russisches Propagandaplakat von Boris Jefimov, 1941)

Goebbels und Göring waren führende Nationalsozialisten.

Lexikon

„arische Rasse“
Nationalsozialisten meinten, es gäbe auch bei den Menschen Rassen. Die „arische Rasse“ hatte ihrer Meinung nach ihren Ursprung bei den bäuerlichen Germanen des Mittelalters. Nach nationalsozialistischen Vorstellungen waren die „Arier“ zur Herrschaft über alle anderen Völker bestimmt. Menschen, die groß, blond und blauäugig waren, galten als der beste „Ariertyp“. Diese „Rassenlehre“ ist wissenschaftlich nicht haltbar.

„Fremdrassige“
Nach den Vorstellungen des Nationalsozialismus waren das alle „Nichtarier“. Damit meinte man die Bevölkerung Osteuropas (aus Polen, Russland, …), Roma und Sinti und vor allem die jüdische Bevölkerung. Sie sollten den „Ariern“ als Arbeitssklavinnen und Arbeitssklaven zur Verfügung stehen.

Nationalsozialismus
Der Nationalsozialismus ist die Weltanschauung der NSDAP (Nationalsozialistische Deutsche Arbeiterpartei). Der Parteiführer war Adolf Hitler. Hauptziel war die Errichtung eines „reinrassigen“ deutschen Reiches und die Ausweitung des Reiches nach Osteuropa.

AUFGABEN

1 Beschreibe die wichtigsten Punkte der nationalsozialistischen Weltanschauung. A–C 3 hp

2 Analysiere, welche Gefühle die Nationalsozialisten mit dem Plakat in 1 und dem Foto in 2 auslösen wollten. p

3 Beurteile die Sprache der Nationalsozialisten. Arbeite heraus, was ihre Sprache kennzeichnet. Warum verwendeten die Nationalsozialisten solche Begriffe? Macht es für dich einen Unterschied, ob diese Begriffe von Politikerinnen und Politikern verwendet werden oder von Menschen ohne politische Funktion? Begründe dein Urteil. A 3 p

4 Interpretiere 4 nach der Methode „Karikaturen verstehen“ auf Seite 130. A hp

Eine Diktatur wird errichtet

Die Nationalsozialisten beseitigten die Demokratie.

A Deutschland wird Diktatur

Die Weltwirtschaftskrise ab 1929 hatte eine hohe Arbeitslosigkeit zur Folge. Da Putschversuche und Bürgerkriege zusätzlich für Angst und Unruhe bei den Menschen sorgten, sehnten sie sich nach Ordnung und Sicherheit. Die NSDAP erhielt so regen Zulauf, dass sie 1932 bei den Wahlen mit über 33 Prozent die stärkste Partei wurde.
1933 wurde Hitler zum Reichskanzler ernannt. Da Hitler als Regierungschef aber von Abstimmungen abhängig war und er ohne Reichstag* regieren wollte, legte er dem Reichstag das „Ermächtigungsgesetz*" vor. Bereits vor der Abstimmung zu diesem Gesetz wurden viele politische Gegner verhaftet, SA* und SS* schüchterten Abgeordnete mit Drohungen ein und Hitler selbst drohte sogar offen mit Bürgerkrieg. Unter diesem Druck wurde das „Ermächtigungsgesetz" bestätigt. Damit hatten die Nationalsozialisten die unumschränkte Macht.

B Eine Partei, eine Meinung, ein Volk

Nach dem Machtantritt der Nationalsozialisten gab es nur noch die NSDAP, da alle anderen Parteien und Gewerkschaften verboten wurden. Alle wichtigen Ämter im Staat, im Rundfunk und in der Presse wurden mit Nationalsozialisten besetzt. Dadurch erreichte nur noch eine Meinung die Menschen: die der Nationalsozialisten. Gesicherte Arbeitsplätze, vom Staat finanzierte Reisen und Feste sollten die Massen für den Nationalsozialismus begeistern. Die Regierung versuchte, ins Leben der Menschen einzugreifen und es zu kontrollieren. Deshalb wurde ihnen der Beitritt zu den verschiedenen NS-Organisationen vorgeschrieben. Dies sollte das Gefühl vermitteln, einer großen Gemeinschaft anzugehören.

1

Reichsparteitage in Nürnberg *(Propagandafoto der NSDAP, 1936)*

Die Parteitage in Nürnberg waren die größten Propaganda- und Massenveranstaltungen mit manchmal mehr als einer Million Teilnehmerinnen und Teilnehmern. Massenveranstaltungen sollten Stärke und Macht zum Ausdruck bringen. Jede/jeder Einzelne sollte sich als Teil des Volkes sehen: „Du bist nichts, dein Volk ist alles!"

Am wichtigsten war die beinahe religiöse Ausrichtung auf den „Führer". Seine Person wurde in den absoluten Mittelpunkt gerückt. Uniformierte Parteimitglieder bildeten geschlossene Blocks, die sich nach Hitler ausrichteten. Dieser „thronte" auf einem altarähnlichen Podium und nahm die Huldigungen entgegen.

2

Hitler begrüßt eine Gruppe Mädchen *(Propagandafoto, Fotograf unbekannt, 1935)*

*Die NS-Propaganda nutzte jede Möglichkeit, Hitler werbewirksam zu zeigen. Mithilfe von Plakaten, Fotos und Filmen wurde der Eindruck erzeugt, der Führer sei fehlerlos, allwissend, immer zugegen und von allen geliebt, insbesondere von den Frauen.
Dazu diente auch der „Volksempfänger", eines der wichtigsten Propagandainstrumente. Mit diesem billigen Radiogerät konnten die propagandistischen Botschaften der NS-Machthaber von Millionen Menschen empfangen werden. Je nach Standort und Technik konnten aber manchmal auch ausländische Nachrichten gehört werden.*

3

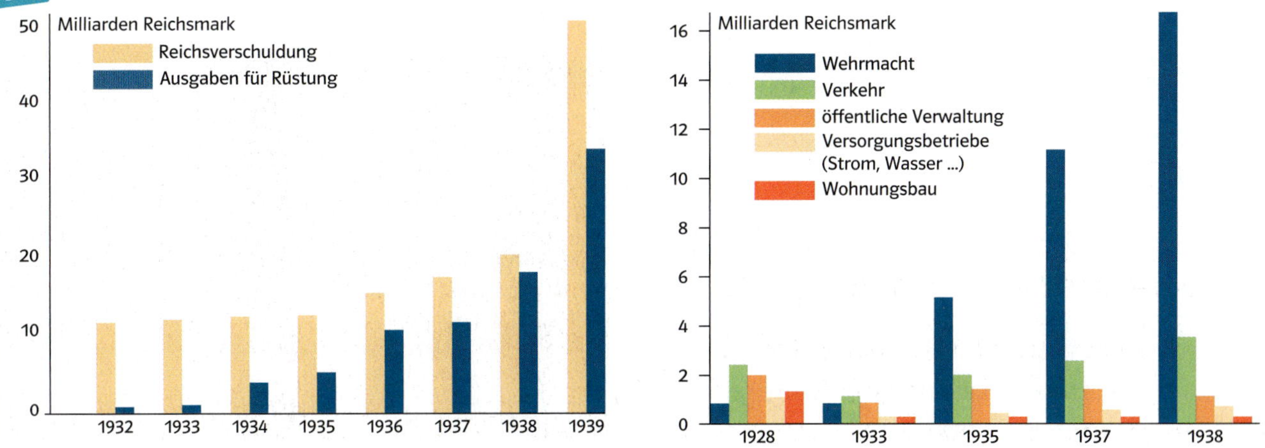

Ausgaben des Deutschen Reiches *(nach S. Haffner, 1987)*

Um die hohe Arbeitslosigkeit zu bekämpfen, gab die NS-Regierung den Auftrag zum Bau von Autobahnen, öffentlichen Gebäuden, Kasernen und Flughäfen. Dabei wurden nur wenige Maschinen eingesetzt, um möglichst vielen Menschen Arbeit zu verschaffen. Zudem ließen der Reichsarbeitsdienst und die Wiedereinführung der Wehrplicht die Zahl der Arbeitslosen sinken. Von 1932 bis 1936 fiel sie von sechs Millionen auf eine Million. Doch diese Großaufträge und die Ankurbelung der Rüstungsindustrie kosteten sehr viel Geld. Schulden und ein drohender Staatsbankrott waren die Folge. Für dieses Problem hatte die NS-Regierung eine Lösung: Krieg.

4

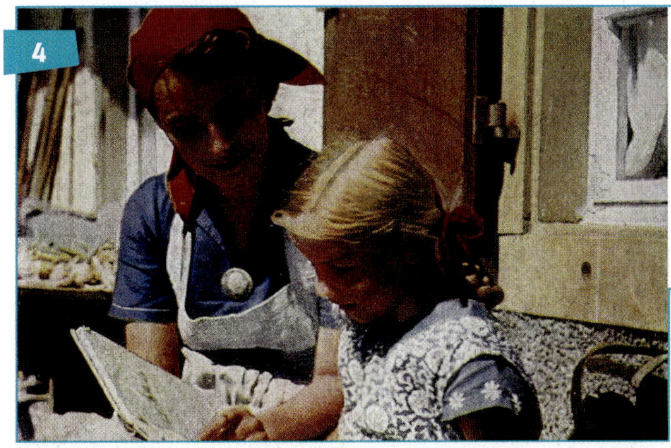

Reichsarbeitsdienst (RAD) *(Propagandafoto, Ausschnitt, 1930er Jahre)*

Ab 1935 mussten alle Jugendlichen für ein halbes Jahr gemeinnützige Arbeit leisten. Sie halfen in kinderreichen Familien, in der Landwirtschaft und im Straßenbau. So verschwanden etwa 250 000 junge Männer und Frauen aus der Statistik der Arbeitslosen.

Lexikon

Ermächtigungsgesetz
Das „Gesetz zur Behebung der Not von Volk und Staat“ vom 24. März 1933 wird „Ermächtigungsgesetz“ genannt. Es erlaubte der Regierung, Gesetze ohne die Zustimmung des Reichstags zu beschließen. Diese Gesetze konnten auch von der geltenden Verfassung abweichen.

Reichstag
Der Reichstag war das deutsche Parlament.

SA (Sturmabteilung)
Die Nationalsozialisten gründeten diese Kampf- und Schlägertruppe, die immer wieder Veranstaltungen anderer Parteien störte.

SS (Schutzstaffel)
Die SS war ursprünglich eine Gruppe innerhalb der SA zum persönlichen Schutz Hitlers. Nach 1934 wurde sie eigenständig und die mächtigste Organisation der NSDAP. Sie war auch für die Bewachung der Konzentrationslager zuständig.

AUFGABEN

1. Erkläre das „Ermächtigungsgesetz“ und seine Folgen in eigenen Worten. A (Lexikon) hp
2. Zähle auf, wie die Menschen von Hitler und dem Nationalsozialismus begeistert werden sollten. B 1-3 hp
3. Nenne die Maßnahmen zur Verringerung der Arbeitslosenzahlen. 3-4 h
4. Interpretiere 3 nach der Methode „Statistiken auswerten“ auf Seite 131. h
5. Vergleiche 2 mit 1 auf Seite 16. Notiere, welche Gemeinsamkeiten dir auffallen. Beurteile die Wirkung der beiden Abbildungen. hp

Von Österreich zur Ostmark …

… im Deutschen Reich

A Druck auf und in Österreich

Nationalsozialisten versuchten mit Gewalt die Macht in Österreich zu übernehmen, weil Hitler alle Gebiete mit deutschsprachiger Bevölkerung in seinem Reich vereinen wollte. 1934 wurde Bundeskanzler Dollfuß bei einem Putschversuch ermordet.

Seit dem Juliabkommen* erhöhten nationalsozialistische Propaganda und Bombenanschläge den Druck auf Bundeskanzler Kurt Schuschnigg, Österreich dem Deutschen Reich anzuschließen. Die „Vaterländische Front“ und die Sozialdemokraten konnten sich aber dennoch nicht auf ein gemeinsames Handeln einigen.

B Der „Anschluss“

1938 erzwang Hitler die Aufnahme von Nationalsozialisten in wichtige österreichische Regierungsämter. Um die Unabhängigkeit Österreichs zu bewahren, setzte Schuschnigg eine Volksabstimmung fest, die jedoch auf Druck Hitlers abgesagt wurde. Schuschnigg trat am 11. März zurück, eine nationalsozialistische Regierung wurde eingesetzt.

Nach dem Einmarsch deutscher Truppen am 12. März wurde Österreich in das Deutsche Reich eingegliedert („Anschluss“). Als Teil des totalitären Regimes des Deutschen Reiches hörte Österreich auf zu bestehen und wurde in Ostmark (später: „Alpen- und Donaureichsgaue“) umbenannt. Alle wichtigen Ämter wurden mit Nationalsozialisten besetzt.

Der „Anschluss“ brachte dem Deutschen Reich einen Gebiets- und Bevölkerungszuwachs sowie den Zugriff auf die Gold- und Devisenvorräte*, die Eisen- und Stahlproduktion und das Erdöl Österreichs.

1

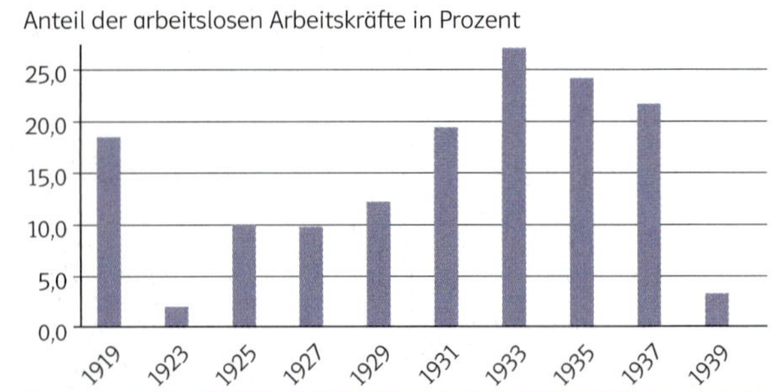

Arbeitslose in Österreich *(1919–1939, Daten aus Hoffmann, Entstehung und wirtschaftliche Konsequenzen des deutsch-österreichischen Vermögensvertrages, Hanel, 2007)*

Arbeitslosigkeit war nach dem Ersten Weltkrieg ein großes Problem. Durch die Weltwirtschaftskrise wuchs sie bedrohlich an. 1938 war etwa ein Viertel der österreichischen Arbeitskräfte ohne Arbeit. Viele Familien hungerten. Die nationalsozialistische Propaganda versprach Hilfe.

2

„Die Nazis beschmierten viele Wände mit Sprüchen und Hakenkreuzen. […]
Ein Bekannter von mir, ein Rechtsanwalt, war ein Gegner des Nationalsozialismus. Ihm schossen sie die Tür ein und demolierten seine Fenster. […]
Schuschnigg […] hielt in Innsbruck eine Rede im Stadtsaal. […] Als ich den Stadtsaal verließ, pfiffen und johlten die Nazis vor dem Eingang und ich schaute, dass ich heimkam.“

Quelle: Ein Zeitzeuge berichtet

Jakob Bachlechner erinnerte sich an die Zeit knapp vor dem deutschen Einmarsch 1938.

3

Hitlerjugend am Heldenplatz beim Besuch Hitlers *(Pressefoto, Fotograf Albert Hilscher, Wiener Heldenplatz, 15. März 1938)*

Die Schätzungen über die Zahl der Anwesenden schwanken zwischen 100 000 und 150 000.

4

Opfer, Täterin, Täter, Mitläuferin und Mitläufer
(Pressefoto, Fotograf Albert Hilscher, März 1938, Wien)

Gleich nach dem Anschluss wurden jüdische Geschäfte gekennzeichnet und oft auch Scheiben eingeschlagen. Über 160 000 Jüdinnen und Juden mussten das Land verlassen.
Auch Roma und Sinti, Homosexuelle, Menschen mit Behinderungen und politische Gegnerinnen und Gegner des Regimes wurden verfolgt.

Viele Österreicherinnen und Österreicher waren an diesen Verfolgungen, manche auch an grausamen Verbrechen beteiligt.

Zahlreich waren die Mitläuferinnen und Mitläufer. Sie beteiligten sich nicht aktiv an den nationalsozialistischen Verbrechen, leisteten aber auch keinen Widerstand. Oft waren sie sogar Mitglieder der NSDAP. So konnten sie beispielsweise ihre Arbeit behalten und liefen nicht Gefahr, verfolgt oder verhaftet zu werden.

5

Volksabstimmung nach dem „Anschluss"
(Propagandafoto, 12. März 1938, Salzburg)

Um den Einmarsch in Österreich am 12. März 1938 vor der Welt zu rechtfertigen, setzte Hitler für den 10. April 1938 eine Volksabstimmung fest. In dieser sprachen sich 99,73 Prozent für den „Anschluss" Österreichs an das Deutsche Reich aus. Noch heute wird über dieses Ergebnis diskutiert. Zu diesem Zeitpunkt waren schon viele Gegnerinnen und Gegner des Nationalsozialismus verhaftet oder nicht mehr wahlberechtigt. Dazu wurde mit intensiver Propaganda und mit Drohungen Druck auf die Wählerinnen und Wähler ausgeübt. Auch war Österreich damals keine Demokratie mehr. Ohne Zweifel gab es aber für Hitler auch große Begeisterung in der Bevölkerung.

AUFGABEN

1 Beschreibe, wie sich die Arbeitslosigkeit in Österreich zwischen 1919 und 1939 entwickelte. Verwende dazu die Statistik in 1. hp

2 Schildere die Eingliederung Österreichs ins Deutsche Reich. A–B 1–3, 5 h

3 Vergleiche Hitlers Ziele und die Einstellung der Österreicherinnen und Österreicher bezüglich des Anschlusses. A–B 3, 5 hp

4 Erkläre in eigenen Worten die Begriffe „Opfer", „Täterin/Täter" und „Mitläuferin/Mitläufer". Beziehe 2 und 4 mit ein. Auf wen könnte was zutreffen? Wie sieht der Zeitzeuge in 2 die Situation? hp

5 Erkläre, warum 99,73 % der abstimmenden Personen sich 1938 für einen Anschluss Österreichs ans Deutsche Reich ausgesprochen haben. 5 p

Lexikon

Devisen
Zahlungsmittel in ausländischer Währung

Juliabkommen
Am 11. Juli 1936 nahm Schuschnigg auf Druck Hitlers zwei Nationalsozialisten in die Regierung auf. Er versprach, verhaftete Nationalsozialisten freizulassen und die Außenpolitik im Sinne Deutschlands zu führen. Im Gegenzug erkannte Hitler die Unabhängigkeit Österreichs an.

Alltag im Deutschen Reich

Eine eigene Meinung war gefährlich.

A Schule im Dienst der Nationalsozialisten

Lehrerinnen und Lehrer der politischen Opposition* wurden entlassen, pensioniert oder in Konzentrationslager gesperrt. Viele Lehrpersonen bemühten sich aber um eine Aufnahme in die NSDAP und arbeiteten mit den Leitern der nationalsozialistischen Jugendorganisationen (Hitlerjugend) eng zusammen. Werbeveranstaltungen sollten die Mitgliederzahl erhöhen. Unterricht und Schulbücher wurden auf die Ziele der Partei abgestimmt.

B Die Rolle der Frau

Nach nationalsozialistischen Vorstellungen sollten Frauen viele Kinder bekommen und keinen Beruf ausüben. Frauen, die viele Kinder hatten, wurden belohnt. Um die Zahl der arbeitslosen Männer zu senken, wurden Frauen aus vielen Berufen verdrängt. Erst als zahlreiche Männer im Krieg waren und die Rüstungsindustrie immer mehr Arbeitskräfte brauchte, wurden Frauen auch in damals typischen „Männerberufen" eingesetzt.

C Propaganda im Alltag

Das „Reichsministerium für Volksaufklärung und Propaganda*" überlegte verschiedene Maßnahmen, die Menschen im Alltag zu beeinflussen. Der Volksempfänger, ein preiswertes Radio, sollte es jedem Haushalt ermöglichen, den Deutschlandsender zu empfangen. Ausländische Sender zu hören war möglich, aber streng verboten. In Kinos verbreitete die „Deutsche Wochenschau" vor jedem Film nationalsozialistische Inhalte. Bücher und bildnerische Kunstwerke von Künstlerinnen und Künstlern, die entweder nicht nationalsozialistisch eingestellt oder jüdisch waren, wurden verboten.

1

„Mutterkreuz" *(Foto, 1933)*

Das „Ehrenkreuz der deutschen Mutter" wurde Müttern ab 1938 verliehen, wenn sie ganz der Ideologie entsprechend arisch, gesund und „sittlich einwandfrei" waren und ihre Kinder lebend geboren hatten. Dies galt als Verdienst für das deutsche Volk. Das „Mutterkreuz" wurde in drei verschiedenen Stufen verliehen: in Bronze bei vier oder fünf Kindern, in Silber bei sechs oder sieben Kindern und in Gold bei acht oder mehr Kindern.

2

Zuckerbrot ... *(Propagandaplakat „Auch Du kannst jetzt reisen", Werner Axter-Heudtlaß, 1938)*

Die Nationalsozialisten griffen Probleme auf, die die Menschen beschäftigten, und unterstützten finanziell schwache Familien. Die Organisation „Kraft durch Freude" (KDF) ermöglichte billige Urlaube für Arbeiterfamilien und versprach preiswerte Autos für rund 1000 Reichsmark. Die Firma VW wurde aber zu einem der größten Lieferanten des deutschen Heeres. Deshalb wurden letztlich nur wenige Volkswagen an Privatpersonen ausgeliefert.

3

… und Peitsche* *(Zeitgenössisches Propagandafoto)*

Wer schlecht über die Nationalsozialisten redete, sollte zur Anzeige gebracht werden. Viele zeigten Andersdenkende an, weil sie selbst von den Ideen der Nationalsozialisten überzeugt waren. Aber auch aus Böswilligkeit und zum eigenen Vorteil wurden andere denunziert. Schon das Hören von ausländischen Radiosendern oder eine abfällige Bemerkung über Hitler konnte zu Anzeigen führen. Misstrauen und Angst waren die Folge. Viele denunzierte Personen wurden von der Gestapo* verhaftet und in Konzentrationslager gebracht. Deshalb schwieg die Mehrheit der Menschen.*

4

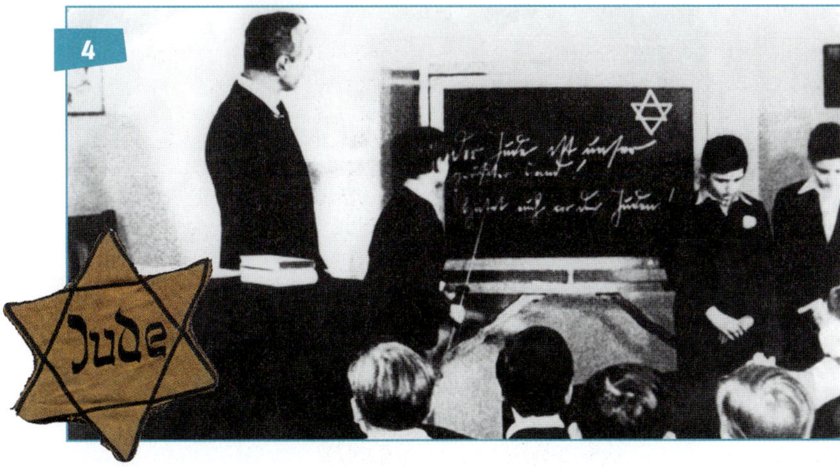

Ausgrenzung *(Hetze gegen jüdische Schüler im Unterricht, Propagandafoto, um 1936)*

Im Alltag waren besonders Jüdinnen und Juden von den zunehmenden Einschränkungen betroffen. Ihre Pässe wurden mit einem „J" gekennzeichnet und ein zweiter Vorname – Sarah oder Israel – musste eingetragen werden. Bestimmte Berufe oder Schulen wurden ihnen verboten. Jüdisches Eigentum wurde widerrechtlich beschlagnahmt. Das sichtbare Tragen eines gelben Sterns auf der Bekleidung diente ab 1941 der Verhöhnung, Kennzeichnung und Ausgrenzung.*

Lexikon

beschlagnahmen/Beschlagnahme
bedeutet die Sicherstellung eines Gegenstandes durch den Staat gegen den Willen der Besitzerin/des Besitzers.

denunzieren/Denunziation
jemanden aus Bosheit anzeigen

Gestapo
Abkürzung für „Geheime Staatspolizei"; die Gestapo bekämpfte politische Gegnerinnen und Gegner der Nationalsozialisten.

politische Opposition
lateinisch: entgegenstellen; eine politische Opposition umfasst alle Personen, die sich der Regierung entgegenstellen, unabhängig von der Zugehörigkeit zu einer Partei.

Reichsministerium für Volksaufklärung und Propaganda
war unter der Leitung von Joseph Goebbels für die inhaltliche Lenkung der Presse, des Rundfunks, des Films, des Theaters, der Musik, der Literatur und der Bildenden Kunst zuständig.

Zuckerbrot und Peitsche
Eine Redensart, die beschreibt, dass mithilfe von Lob und Tadel beeinflussend versucht wird, dass Untergebene oder Kinder sich so verhalten, wie es von Vorgesetzten oder Erzieherinnen und Erziehern gewünscht wird.

AUFGABEN

1. Fasse zusammen, wie die Nationalsozialisten versuchten, die Bevölkerung zu beeinflussen. Was boten sie an? Wie übten sie Druck aus? A–C 1–4 hp
2. Vergleiche das Rollenbild der Frau im Nationalsozialismus und heute. B 1 h
3. Interpretiere 2 nach der Methode „Plakate analysieren" auf Seite 131. h
4. Beschreibe, worin sich dein Alltag von dem zu Zeiten des Nationalsozialismus unterscheidet. A–C 1–4 h
5. Interpretiere die ersten 11 Minuten aus dem Film „Der Bockerer" nach der Methode „Filmausschnitte analysieren" auf Seite 128. h

Jugend ...

... verführt, dem „Führer“ zu dienen.

A Wer die Jugend hat, hat die Zukunft!

Kinder und Jugendliche sind leichter beeinflussbar als Erwachsene. Die Nationalsozialisten lockten in einer Zeit ohne Fernsehen, Handy und Computer mit Gemeinschaft und Abenteuer durch Ausflüge, Wanderungen, Zeltlager, Geländespiele oder Lagerfeuer. Dass dabei auch geschickt auf den Krieg vorbereitet wurde, erkannten viele Menschen sehr spät oder gar nicht.

B Alle in die Hitlerjugend!

Einerseits wird der Begriff „Hitlerjugend“ als Überbegriff für alle nationalsozialistischen Jugendorganisationen verstanden. Andererseits heißt die Organisation für männliche Jugendliche zwischen 14 und 18 Jahren ebenfalls „Hitlerjugend“.
Ab Dezember 1936 mussten Mädchen und Burschen zwischen 10 und 18 Jahren Mitglied der „Hitlerjugend“ (kurz HJ genannt) sein. Mädchen kamen zuerst zu den „Jungmädeln“ und dann zum „Bund Deutscher Mädel“ (BDM), Buben zum „Jungvolk“, danach zur HJ.
Körperliches Training und politische Beeinflussung gab es für alle. Bei Burschen kam eine militärische Grundausbildung dazu, bei Mädchen die Vorbereitung auf die Rolle als Hausfrau und Mutter.

C Nur wenige nahmen nicht teil

Wenige Menschen wagten es, offen ihren Protest gegen diese frühe militärische Ausbildung und politische Beeinflussung zu zeigen. Manche nahmen an Veranstaltungen der HJ einfach nicht teil, andere zeigten offen ihre Ablehnung. Gruppen wie die „Edelweißpiraten“ oder die „Swing-Jugend“ riskierten offenen Widerstand und damit Schwierigkeiten in der Schule oder in der Lehrstelle.

1

BDM Zeltlager für Mädchen *(Propagandafoto der HJ, 1934)*

2

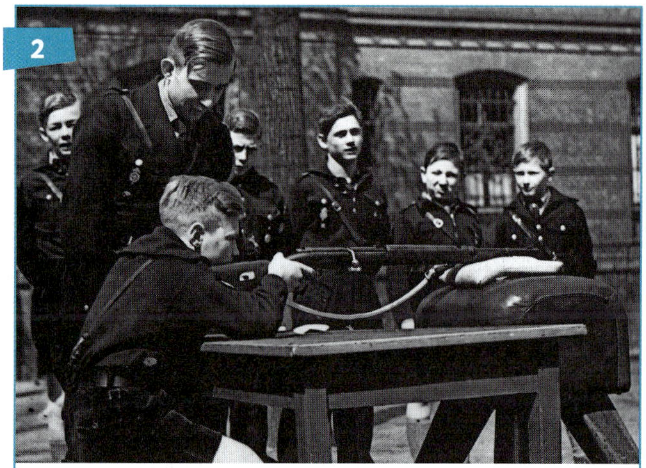

Schießübungen für Jungvolk-Buben *(Propagandafoto der HJ, 1933)*

3

Nationalsozialistische Propagandaplakate um 1937

4

	Tagesablauf im Wehrertüchtigungslager für Burschen
6.30	Wecken
6.35–6.50	Geländelauf, Gymnastik
6.50–7.20	Waschen, Anziehen, Zeltordnung
7.25	Zeltbesichtigung
7.30	Fahnenhissen, Antreten
7.40–8.10	Frühstück
8.20–9.00	Weltanschaulicher Vortrag: Führer und Gefolgschaft
9.15–11.45	1. Abt.: Leibesübung, Spiele, Keulenwerfen, Übungen mit Gerät, Kampfspiele 2. Abt.: Geländesport, Geländekunde, Tarnen, Zielerkennen, Entfernungsschätzen 3. Abt.: Luftgewehrschießen, Waffenlehre, Schießlehre, Zielübungen
12.00	Mittagessen
bis 14.15	Mittagsruhe
14.30–16.30	1. Abt.: Geländesport (wie vorm.) 2. Abt.: Luftgewehrschießen (wie vorm.) 3. Abt.: Leibesübungen (wie vorm.)
16.30–17.00	Kaffee
17.00–18.30	Schwimmen
18.50	Fahneneinholen
19.00	Abendessen, anschließend Lagerabend am Lagerfeuer
21.00	Zapfenstreich (Bettruhe)

	Tagesablauf im Wehrertüchtigungslager für Mädchen
6.30	Wecken
6.35	Frühsport (Waldlauf, Körperschule, Leichtathletik)
7.00–8.00	Waschen, Anziehen
8.00	Fahnenhissen, Antreten
8.10–8.30	Frühstück
8.30–9.00	Singen; Lieder der Bewegung
9.45–10.45	Politische Schulung: Führer und Gefolgschaft
11.00–12.00	Schwimmen: Leistungszeichen wird abgenommen
12.15	Mittagessen
12.45–14.30	Freizeit
14.30–16.30	Fahrtenkunde (Kompass- und Kartenlesen, Spuren beobachten, etc.)
16.00	Stehkaffee
17.00–18.30	Schwimmen
16.15–18.00	Laufen, Weitsprung, Kugelstoßen
18.15–19.00	Fahrtenlieder
19.15	Abendessen
19.45–20.45	Heimabend: Rasse und Volk
20.45	Fahneneinholen
21.30	Bettruhe

Tagesabläufe auf Jugendlagern nationalsozialistischer Organisationen *(zusammengestellt auf Basis „Das kommende Deutschland, die Erziehung der Jugend im Reich Adolf Hitlers“, 1943, Berlin)*

5

Schreibenlernen in der Zeit des Nationalsozialismus *(illustrierte Seite aus dem NS-Schulbuch „Pädagogik“, 1935)*

Der Buchstabe „H“ wurde den Sechsjährigen wie folgt beigebracht: „heil heil / ei Lina Lene heil / o eile hole Heini o / h H“

AUFGABEN

1 Erkläre, wie und warum junge Menschen verführt wurden, dem „Führer“ zu dienen. A–B 1–5 h

2 Interpretiere eines der Plakate aus 3 nach der Methode „Plakate analysieren“ auf Seite 131. hp

3 Vergleiche das Programm für Burschen und Mädchen in 4. Notiere die Unterschiede und Gemeinsamkeiten und begründe sie selbstständig. p

4 Vergleiche die Erziehung von damals mit deinen heutigen Erfahrungen. B–C 1–5 h

5 Beurteile den Versuch der Nationalsozialisten, bereits Volksschulkinder zu beeinflussen. 5 h

6 Stelle Gründe einander gegenüber, aus denen du persönlich einer Jugendorganisation beitreten oder nicht beitreten würdest. p

Zusatzmaterial v7457x → AH S. 13

Widerstehen und handeln …

… auch wenn es lebensgefährlich ist?

A Warum so wenig Widerstand?

Nur wenige Menschen hatten den Mut und die Entschlossenheit, trotz der drohenden Strafen Widerstand gegen die Nationalsozialisten zu leisten. Die Chancen auf Erfolg standen schlecht. Vielen fehlte die Zivilcourage*, sich gegen das Unrecht aufzulehnen. Sie passten sich an, um nicht unangenehm aufzufallen.

B Widerstand durch Kampf

Im Deutschen Reich, aber auch in besetzten Gebieten gab es aktiven Widerstand der Bevölkerung gegen die Nationalsozialisten. Partisanen sind bewaffnete Kämpfer, die nicht der offiziellen Armee eines Staates angehören. Sie kämpften oft mit der Unterstützung der Zivilbevölkerung. Ortskenntnisse halfen bei Sabotageakten*, Spionage und Angriffen auf kleinere Einheiten des Feindes, zum Beispiel in Jugoslawien und Frankreich.
Widerstand in Form von Attentaten* auf Adolf Hitler gab es mehrfach. Alle scheiterten.

C Widerstand durch Weigerung

Widerstand konnte auch bedeuten, sich zu weigern, Gesetzen oder Befehlen Folge zu leisten. Verfolgte Personen zu verstecken, ihnen bei der Flucht zu helfen oder den Wehrdienst zu verweigern galt als Hochverrat. Franz Jägerstätter war ein oberösterreichischer Bauer, der kurz in der Wehrmacht gedient hatte. In der Überzeugung, ein gläubiger Katholik dürfe keinen Wehrdienst leisten, widersetzte er sich einem Wiedereinberufungsbefehl. Es sei gegen sein Gewissen, für den nationalsozialistischen Staat zu kämpfen. Wegen „Zersetzung der Wehrkraft“ wurde er verhaftet, zum Tod verurteilt und 1943 hingerichtet.

1 Menschen leisten Widerstand, weil …

1 … sie unterdrückt werden.
2 … sie sich ungerecht behandelt fühlen.
3 … sie nichts tun wollen, was ihrem Glauben widerspricht.
4 … sie sich selbst oder ihre Familie verteidigen wollen.
5 … sie jemandem helfen wollen.
6 … sie eigene Ziele haben.
7 … sie mit Entscheidungen nicht einverstanden sind.
8 … sie eigene Meinungen vertreten.

Warum leisten Menschen Widerstand? – acht Motive

2

Widerstand durch Worte *(Bodendenkmal in der Ludwig-Maximilians-Universität München zur Erinnerung an die Flugblattaktion der „Weißen Rose“, Fotograf Martin Siepmann, Foto, 2011)*

Die Studentengruppe „Weiße Rose“ schrieb, druckte und verteilte Flugblätter. Darin verurteilte sie den Krieg und die Verfolgung der jüdischen Bevölkerung und rief zum Widerstand auf. Immer wieder setzte sie sich für die Grundrechte der Menschen ein. Auf Flugblättern wurden beispielsweise Redefreiheit, Freiheit des Bekenntnisses* und Schutz vor staatlicher Willkür gefordert. Die Geschwister Sophie und Hans Scholl, die Teil der Gruppe waren, wurden deswegen zum Tod verurteilt und hingerichtet.*

3

Widerstand durch ein Attentat auf Adolf Hitler *(Göring besichtigt mit Offizieren den zerstörten Tisch im Führerbunker, Foto, 1944)*

Der Kriegskurs Hitlers und der alltägliche Terror durch die Nationalsozialisten im Reich ließen auch bei Angehörigen des Militärs Widerstand entstehen.

Oberst Claus Graf Schenk von Stauffenberg entschloss sich zu einem Attentatsversuch. Der schwere Besprechungstisch, unter dem sich die Bombe befand, milderte die Wucht der Bombenexplosion. Hitler wurde nur leicht verletzt, Stauffenberg und viele Mitwisser wurden hingerichtet.

4

Widerstand in Österreich *(Foto, 2010)*

In Österreich kam es zur Bildung der überparteilichen Gruppe „O5", der auch der spätere Bundespräsident Adolf Schärf (1957–1965) angehörte. Sie arbeitete mit anderen Widerstandsgruppen zusammen, zum Beispiel mit der Gruppe um Major Szokoll. Szokoll nahm heimlich mit den russischen Truppen Kontakt auf, um größere Zerstörungen in Wien beim Einmarsch der russischen Armee zu verhindern. Das „O" in Verbindung mit dem 5. Buchstaben des Alphabets „E" steht für ein freies, unabhängiges Österreich. Das bekannteste „O5-Zeichen" befindet sich neben dem Haupteingang des Wiener Stephansdoms. Ursprünglich war es mit weißer Farbe an die Wand gemalt. Mittlerweile ist es in den Stein geritzt.*

Lexikon

Attentat
bezeichnet einen gewaltsamen Angriff auf Personen des öffentlichen Lebens oder auf öffentliche Einrichtungen.

Bekenntnis
hier: Religionsbekenntnis = Religionszugehörigkeit

Flugblatt
Informationsblatt, Werbeblatt, Flyer

Sabotage
absichtliche Beeinträchtigung oder Zerstörung von militärischen oder wirtschaftlichen Anlagen, zum Beispiel Bahngleisen oder Telefonleitungen

überparteilich
Zusammenarbeit der Anhänger verschiedener Parteien über Parteigrenzen hinweg

Zivilcourage
ist der Mut, für seine Überzeugungen Nachteile in Kauf zu nehmen. Das kann bedeuten, sich gegen eine Gruppe für jemanden einzusetzen, der schlecht behandelt wird. Auch „ungerechte" Anordnungen nicht zu befolgen, erfordert Zivilcourage.

AUFGABEN

1 Zähle auf, warum nur so wenige Menschen Widerstand leisteten. A — h

2 Schildere, warum für eine Armee der Kampf gegen Partisanen schwierig sein kann. B — h

3 Welche Motive passen zu welchen Handlungen? Ordne die Ziffern 1–8 aus 1 den passenden Handlungen in B–C 2–4 zu und schreibe sie auf. Auch Mehrfachnennungen sind möglich. — hp

4 Begründe, warum für eine Diktatur ein „Aufruf für die Freiheit der Rede" gefährlich sein kann. 2 — h

5 Erstelle einen Steckbrief zu Franz Jägerstätter C oder Graf Schenk von Stauffenberg 3. Interpretiere dazu nach der Methode „Internet-Recherche" auf Seite 128. — h

6 Interpretiere die Szene 12 (1:47:00–1:59:41) aus dem Film „Die weiße Rose" von 1982 nach der Methode „Filmausschnitte analysieren" auf Seite 128. — hp

7 Gestalte eine Wandzeitung zum Thema „Der österreichische Widerstand 1938–1945" nach der Methode „Erstellen einer Wandzeitung" auf Seite 130. — h

> AH S. 14

Einschüchtern …

… ausgrenzen, verfolgen, einsperren …

A Wer nicht für uns ist, ist gegen uns!

Alles, was als Aktivität gegen die NSDAP gedeutet werden konnte, galt als Hochverrat. Alle Parteien außer der NSDAP waren verboten. Sämtliche Gegnerinnen und Gegner der Nationalsozialisten wurden ausgegrenzt, rücksichtslos verfolgt, eingesperrt und oft sogar getötet. Jede Person konnte betroffen sein. Politische Gegnerinnen und Gegner, Minderheiten wie Jüdinnen, Juden, Roma und Sinti, Menschen mit Behinderungen, Homosexuelle und Wehrdienstverweigerer waren besonders gefährdet. Tausende wurden verhaftet, viele auch hingerichtet. Anderen gelang die Flucht ins Ausland.

B Gesetze machen es möglich

Die „Notverordnung zum Schutze von Volk und Staat“ vom Februar 1933 setzte Teile der Verfassung außer Kraft. Die Regierung konnte ab diesem Zeitpunkt ohne Reichstag Gesetze ändern. Damit waren auch Verletzungen der Menschenrechte möglich. Erlaubt waren Beschränkungen der persönlichen Freiheit, des Rechts der freien Meinungsäußerung einschließlich der Pressefreiheit, des Vereins- und Versammlungsrechtes und Eingriffe in das Brief-, Post- und Telefongeheimnis. Es war möglich, Hausdurchsuchungen anzuordnen und durch Beschlagnahme jemandem sein Eigentum wegzunehmen. Die Restitution (Rückgabe) dieses Eigentums wurde auch nach Ende des Zweiten Weltkrieges nie vollständig abgeschlossen.
Ab Herbst 1935 galten die Nürnberger Gesetze als Grundlage für die Diskriminierung und Verfolgung der jüdischen Bevölkerung im Deutschen Reich. Die Nürnberger Gesetze verboten Beziehungen, also Ehen, Freundschaften und Arbeitsverhältnisse, zwischen jüdischer und deutscher Bevölkerung. Berufsverbote folgten.

1

Öffentliche Demütigung *(Adele Edelmann und Oskar Dankner, Foto, 1933, Cuxhaven)*

Personen, die gegen das „Nürnberger Gesetz“ verstießen, wurden zum Teil öffentlich zur Schau gestellt und gedemütigt. Das Foto wurde bereits 1933 gemacht, aber erst ab 1935 zum NS-Propagandaplakat.

2

Novemberpogrom 9./10. November 1938
(Grazer Synagoge, Foto, 11.11.1938)

Ein Pogrom ist eine gewaltsame, vom Staat erlaubte Ausschreitung gegen eine bestimmte Volksgruppe.

Bei den von NSDAP-Mitgliedern organisierten nächtlichen Zerstörungen jüdischer Einrichtungen und Geschäfte kamen etwa 400 Menschen ums Leben. 1400 Synagogen, Betstuben und Versammlungsräume wurden zerstört. Tausende Geschäfte, Wohnungen und Friedhöfe wurden verwüstet. Nationalsozialisten sprachen verharmlosend von der „Reichskristallnacht“, weil viel Glas zerbrochen worden war.

3

Alltag im Konzentrationslager *(Zeichnung eines Häftlingskindes, um 1943)*

Ab 1933 dienten Konzentrationslager, die „KZ", zur Ausschaltung und Abschreckung der politischen Opposition. Sie waren nicht geheim. Über dem Eingang mancher Lager stand „Arbeit macht frei". Doch die Ziele der Arbeit waren Erniedrigung, Folter und Tod. Neuankömmlinge wurden gleich bei der Ankunft eingeschüchtert. Ihr Eigentum wurde ihnen weggenommen. Sie mussten sich nackt ausziehen, die Haare wurden ihnen abgeschnitten und statt eines Namens erhielten sie eine Nummer. Sie hatten keine Rechte und waren willkürlichen Strafen und Foltern ausgesetzt. In dünner Sträflingskleidung wurden sie den Arbeitskommandos zugeteilt. Viele starben durch die harte Arbeit bei schlechter Ernährung.

4

Bücherverbrennung *(Foto, Salzburg, 1938)*

1933 kam es in ganz Deutschland zur Verbrennung von Büchern. Werke kritischer Autorinnen und Autoren wurden öffentlich von fanatischen Studierenden und HJ-Mitgliedern verbrannt. 1938 fand in Salzburg die einzige Bücherverbrennung auf österreichischem Boden statt. Das Volk sollte nur noch Bücher lesen, die zur nationalsozialistischen Ideologie passten.

AUFGABEN

1 Zähle auf, wer als Gegner der Nationalsozialisten galt. Finde eine Erklärung, warum. A h

2 Stelle dir vor, es gäbe heute diese „Notverordnung". Was darfst du dann nicht mehr tun? Finde für jeden Punkt des NS-Gesetzes ein Beispiel und schreibe es auf. B h

3 Gestalte eine Wandzeitung zum Thema „Einschüchterung und Verfolgung". Verwende dabei die Methode „Erstellen einer Wandzeitung" auf S. 130. A-B 1-4 h

4 Interpretiere 1 nach der Methode „Bilder lesen" auf S. 128. Würdest du solche Bilder für ein Schulbuch auswählen? h

5 Analysiere diese Doppelseite. Mit welchen Methoden versuchten die Nationalsozialisten einzuschüchtern und zu verfolgen? Wie würde es dir gehen, wenn du von einer der dargestellten Methoden betroffen wärest? A-B 1-4 h

Vernichten ...

... war das einzige Ziel.

A Organisierter Völkermord

Ab 1941 durften Jüdinnen und Juden in den von Nationalsozialisten besetzten Gebieten Osteuropas nur noch in Ghettos leben. Als Ghettos bezeichnet man abgegrenzte Wohngebiete, die nur für Jüdinnen und Juden bestimmt waren. 1941 beschlossen die Nationalsozialisten auch die endgültige Vernichtung der jüdischen Bevölkerung in Europa. Dieser nationalsozialistische Massenmord an Jüdinnen und Juden, dem geschätzte sechs Millionen Menschen zum Opfer fielen, wird „Shoah" genannt. Verharmlosend sprachen die Nationalsozialisten aber von „Endlösung". Große Vernichtungslager wurden vor allem im besetzten Polen errichtet. Die Transportfahrten aus den verschiedenen Teilen des Reiches und aus besetzten Gebieten nach Osten waren genau geplant. Vorwiegend jüdische Menschen, aber auch Roma, Sinti und politische Gegnerinnen und Gegner der Nationalsozialisten wurden unter dem Vorwand der „Umsiedlung" nach Polen gebracht. Viehwaggons wurden mit Menschen vollgeladen, ohne Nahrung, Wasser und Toiletten. Viele Verschleppte starben schon auf den tagelangen Bahnfahrten.

B Vernichtungslager

Die Existenz der Vernichtungslager wurde, im Gegensatz zu den öffentlich bekannt gemachten Konzentrationslagern, streng geheim gehalten. Sie dienten ausschließlich der Ermordung der verschleppten Personen. Um das Ziel der Vernichtungslager zu verschleiern, wurden die Massentötungen zur Tarnung „Säuberungen" und „Sonderbehandlungen" genannt. Das Konzentrationslager Auschwitz war gleichzeitig auch ein Vernichtungslager. Aus ganz Europa wurden vor allem Jüdinnen und Juden dort hingebracht und ermordet. Insgesamt starben dort weit mehr als eine Million Menschen.

1

Verladerampe in Auschwitz *(Selektion ungarischer Jüdinnen und Juden, Fotograf und Zweck unbekannt, 1944)*

Bei der Ankunft in den Vernichtungslagern kam es zur sogenannten „Selektion" der Gefangenen. Es wurde dabei ausgewählt, welche Menschen sofort in Gaskammern getötet werden sollten. Die anderen wurden zur Arbeit als Totengräber oder Leichenverbrenner, in Werkstätten oder in Küchen eingesetzt. Diese sogenannten „Funktionshäftlinge" wurden meist nach wenigen Monaten getötet und durch neue Kräfte ersetzt.

2

Shoah – das hebräische Wort für „plötzlicher Untergang, Verderben" *(Die Zeichnung stammt von Alfred Kantor, der KZ-Insasse in Auschwitz war. Nach seiner Befreiung 1945 hielt er seine Eindrücke bildlich fest.)*

Gleich nach der Ankunft in den Vernichtungslagern wurden Alte, Schwache, Kranke und Kleinkinder meist in Gaskammern mit dem Giftgas Zyklon B ermordet. Weil viele Leichen von Ermordeten verbrannt wurden, nannte man den Völkermord an jüdischen Menschen früher „Holocaust", nach einem griechischen Wort für ein Brandopfer. Diese Bezeichnung wird heute teilweise abgelehnt und durch den Begriff „Shoah" ersetzt.

3

Deportationsfahrten *(Die Suche, 2006)*

„Die Suche" ist ein Comic zum Thema Judenverfolgung und Holocaust. Er entstand 2006 in den Niederlanden. Verantwortlich dafür waren unter anderem das Autorenteam Eric Heuvel, Lies Schipper und Ruud van der Rol sowie das „Anne Frank Haus" in Amsterdam. Dargestellt wird eine erfundene Familiengeschichte, die auf tatsächlichen Ereignissen und Schicksalen beruht. Erzählt wird sie von Esther Hecht, die sich mit ihrem Enkel Daniel auf die Spuren ihrer Kindheit als verfolgtes jüdisches Mädchen begibt. Esthers Eltern kamen im KZ Auschwitz ums Leben.

4

„[…] Juden, Zigeuner, körperlich oder geistig Behinderte, Homosexuelle, Angehörige von Minderheiten, politisch oder religiös Andersdenkende – sie alle wurden Opfer […] Dennoch haben viele Österreicher den „Anschluss" begrüßt, haben das nationalsozialistische Regime gestützt […] Über eine moralische Mitverantwortung für Taten unserer Bürger können wir uns auch heute nicht hinwegsetzen […] Vieles ist in den vergangenen Jahren geschehen, um […] angerichteten Schaden wiedergutzumachen. Vieles bleibt nach wie vor zu tun […] Wir bekennen uns zu allen Taten unserer Geschichte […] und so wie wir die guten für uns in Anspruch nehmen, haben wir uns für die bösen zu entschuldigen – bei den Überlebenden und bei den Nachkommen der Toten […]"

Quelle: Österreichs Verantwortung

Bundeskanzler Franz Vranitzky (1986–1997) sprach am 8. Juli 1991 vor dem Nationalrat über die Mitverantwortung Österreichs an den Verbrechen des nationalsozialistischen Regimes.

AUFGABEN

1 Stelle fest, was folgende nationalsozialistische Begriffe bedeuten: „Endlösung", „Umsiedlung", „Säuberung", „Sonderbehandlung" und „Euthanasie". Erkläre, was mit der Wahl dieser Begriffe bezweckt wurde. A (Seite 19, Lexika, Internet) hp

2 Fasse zusammen, wie die Nationalsozialisten die Vernichtung der jüdischen Bevölkerung organisierten. A-B 1-4 h

3 Analysiere den Comic in 3. Folgende Arbeitsschritte helfen, den Comic und die Absicht des Künstlers auch kritisch zu beleuchten. h

a) Beschreibe, was in den Einzelbildern dargestellt wird (Handlung, Personen, Gegenstände). Nenne das historische Ereignis, das dargestellt wird und stelle fest, aus wessen Sicht die Geschichte erzählt wird.

b) Vergleiche die dargestellte Situation mit den Texten A und B. Nenne die Unterschiede.

c) Erörtere, ob sich etwas über die Haltung des Comic-Autorenteams zum dargestellten Ereignis sagen lässt. Wird vielleicht eine bestimmte Absicht verfolgt?

d) Beschreibe, wie die Bilder auf dich wirken.

4 Wende dein Wissen über die Shoa an und formuliere drei Fragen an Alfred Kantor, den Zeichner von 2. h

5 Nimm Stellung zur Rede in 4. Prüfe mithilfe der Methode „Internet-Recherche" auf Seite 128, wie Österreich mit dieser Verantwortung umging und umgeht. hp

Hass und Mord …

… oder Friede und Versöhnung?

A Nie wieder Genozid*

Nach dem Grauen des Zweiten Weltkriegs sollte eine internationale Organisation helfen, den Frieden zwischen den Völkern zu erhalten, um Ereignisse wie die „Shoah" in Zukunft zu verhindern. 1945 wurde daher die UNO* gegründet. Auch Österreich ist Mitglied. Die Ziele der UNO sind die Erhaltung des Weltfriedens, die Einhaltung des Völkerrechts, der Schutz der Menschenrechte und die entsprechende internationale Zusammenarbeit. Die einzelnen Staaten können aber politische Interessen haben, die das Erreichen dieser Ziele verhindern. In der UNO kann die Mehrheit der Mitglieder etwas verurteilen. Andere Maßnahmen, zum Beispiel Sanktionen, benötigen die Zustimmung des Sicherheitsrates.

B Genozid oder Kriegsopfer?

In Kriegen kämpfen militärische Gruppen gegeneinander. Kriege können zwischen Staaten, aber auch zwischen verfeindeten Gruppen in einem Staat (Bürgerkrieg) geführt werden. Dabei sind auf beiden Seiten auch unbeteiligte Opfer zu beklagen. Genozid bedeutet, dass eine bestimmte Bevölkerungsgruppe gezielt verfolgt und ermordet wird.

C Völkermord – jederzeit möglich

Bis heute gibt es immer wieder grausame Verfolgungen von bestimmten Bevölkerungsgruppen. Meist werden diese zunächst diskriminiert. In weiterer Folge kann es dann zur Vertreibung und sogar Ermordung von Angehörigen dieser Gruppen kommen.
Möglich wird ein solches Geschehen dann, wenn eine Mehrheit der Bevölkerung die Diskriminierung von anderen gut findet und gewaltsame Übergriffe nicht verhindert.

1

Zum Beispiel: Ruanda 1994 – die Überlebende Daneila Nyiarabazungu vor der Gedenkstätte bei einer Kirche für die Opfer des Völkermordes *(Pressefoto, Fotograf Stephen Morrison, 2005)*

Durch politische Unruhen kam es 1994 in Ruanda zu einem Massaker an bis zu über 800 000 Angehörigen der Tutsi durch Hutus. Bis heute gibt es trotz Versöhnungsversuchen Rachegedanken, Übergriffe und Morde.*

2

Europäischer Gerichtshof für Menschenrechte (= Droits de l'Homme) in Straßburg *(Pressefoto, 2015)*

Der 1959 gegründete Gerichtshof ermöglicht es den Menschen von 47 Staaten, ihr Recht einzuklagen, wenn das in ihrem Staat nicht möglich ist. Damit soll staatliche Willkür verhindert werden.

3

Zum Beispiel: Massaker von Srebrenica 1995 *(Friedhof für einige Opfer, Foto, Srebrenica, 2012)*

Im Zuge der Unabhängigkeitskriege im ehemaligen Jugoslawien kam es in Bosnien zum Krieg zwischen serbischen und bosnischen Gruppen. Trotz Anwesenheit von UNO-Truppen wurden über 8000 bosnische Buben und Männer gezielt ermordet. Darüber hinaus kam es zu vielen Gewalttaten.

4

- Aus Nachbarn werden Feinde.
- Vertriebene Überlebende müssen sich anderswo eine neue Existenz aufbauen.
- Die geflohene Bevölkerung findet nur schwer anderswo Unterkunft und Arbeitschancen.
- Die grausamen Erlebnisse sind oft kaum zu verarbeiten.
- leere Häuser, unbewirtschaftete Felder, Zerstörungen
- „Freie" Häuser und Geschäfte werden von den Täterinnen und Tätern in Besitz genommen.
- Rückkehrende müssen mit den Täterinnen und Tätern zusammenleben.

Folgen eines Genozids

5

„‚Der Mann, der meine Mutter tötete, hatte ihr zuvor Geld geliehen, damit sie mich in die Schule schicken konnte.' Hütte an Hütte lebten sie damals […]
In dieses Dorf, in dem der Nachbar zuschlug, musste Freddy nach dem Genozid wieder zurück, ‚wir hatten keine andere Wahl'. Dort begegnete der junge Mann wieder dem Mörder seiner Eltern. ‚Ich habe nicht mehr mit ihm gesprochen, aber ich traf auch seine Kinder. Das war schwer, obwohl sie gar nichts getan hatten.' In den ersten Jahren nach dem Genozid fanden in Ruanda zahlreiche Prozesse statt. Weil die Gerichte […] überfordert waren […], wurden die traditionellen Dorfgerichte wiederbelebt […] ‚Das war heilsam', sagt Freddy."

Quelle: Ein Bericht aus Ruanda *(aus einem Zeitungsbericht der Badischen Zeitung vom 15.3.2014)*

Freddy Mutanguha war 18, als der Genozid über seine Familie hereinbrach. Verstanden hat er die Gewalt bis heute nicht.

6

Versuch der Versöhnung *(Foto, 2012)*

In einem kleinen Dorf in der Nähe der Grenze zu Burundi arbeiten 2012 Hutu und Tutsi gemeinsam am Wiederaufbau von Häusern.

Lexikon

Genozid
bedeutet Völkermord; lateinisch: genus = Volk, Abstammung; caedere = töten, ermorden

Massaker
nennt man einen besonders grausamen Massenmord.

UNO
(= United Nations Organization; Vereinte Nationen); wurde 1945 in San Francisco gegründet. Besondere Bedeutung hat der Sicherheitsrat mit 15 Mitgliedern, von denen fünf ständige Mitglieder mit besonderen Rechten sind (USA, Russland, VR China, Vereinigtes Königreich, Frankreich). Mithilfe von Sanktionen (Strafen) oder einem Heer von internationalen Soldaten („Blauhelmen") soll der Frieden gesichert werden. Die Uneinigkeit der Mitgliedstaaten verhindert das aber immer wieder.

AUFGABEN

1 Gib in eigenen Worten wieder, was man unter einem Genozid versteht. Worin liegt der Unterschied zwischen Kriegsopfern und Opfern eines Genozids? A–B 1 (Lexikon) p

2 Erkläre, weshalb die UNO oder der Europäische Gerichtshof für Menschenrechte bei der Erhaltung des Friedens nicht immer erfolgreich ist. A 2–3 (Lexikon) hp

3 Fasse zusammen, welche Folgen ein Genozid in einem Land haben kann. 4–6 p

4 Arbeite aus 4–5 und 6 heraus, warum das Zusammenleben nach solchen grausamen Ereignissen besonders schwer ist. p

5 Beschreibe, warum gerade ein gemeinsamer Hausbau ein Zeichen von Versöhnung sein kann. 6 p

6 Entwerft miteinander Vorschläge, wie eine Entwicklung zu einem Genozid verhindert werden könnte. C p

→ AH S. 17

Basis

1

Ordne der Mindmap die passenden Begriffe zu. **hp**

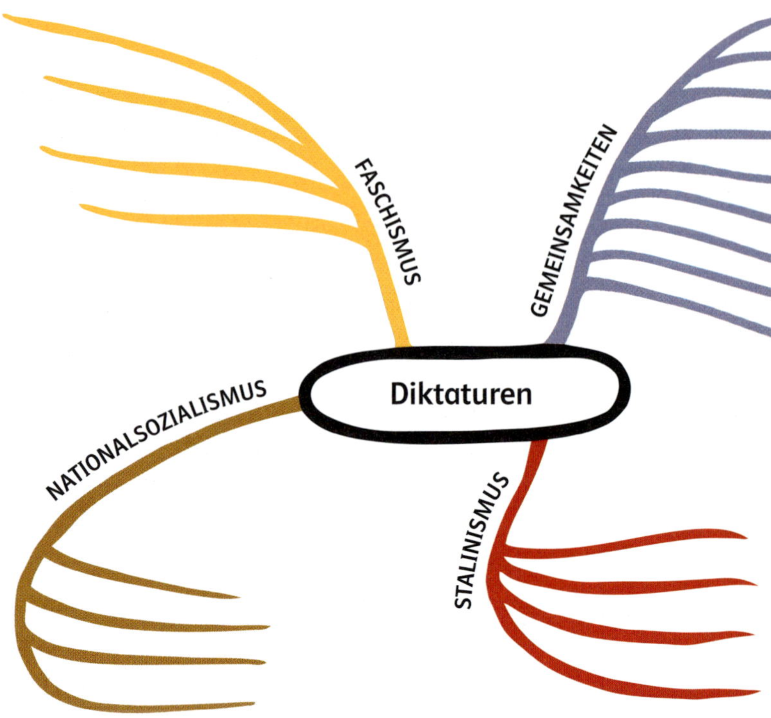

Abschaffung der Gewaltenteilung – Adolf Hitler – Antisemitismus – Benito Mussolini – Deutschland – Diktatoren – „Duce" – Einparteiensystem – „Führer" – Herrschaft durch Angst und Terror – Italianisierung – Italien – Josef Stalin – Missachtung der Menschenrechte – Planwirtschaft – politische Morde – Propaganda – Sowjetunion – „Väterchen" – Verbot demokratischer Parteien – Zensur

2

Im Juni 1941 kam es zum Einmarsch deutscher Truppen in die Sowjetunion und zur Angliederung der baltischen Staaten Estland, Lettland und Litauen. Die SS organisierte gemeinsam mit der einheimischen Bevölkerung des Baltikums und Weißrusslands Pogrome. Dabei wurden Menschen jüdischen Glaubens getötet.

Analysiere die folgenden Zeitzeugenberichte. Arbeite heraus, wer in der geschilderten Situation für dich eine Mitläuferin oder ein Mitläufer ist. Erkläre, wie es zu so einem Verhalten kommen konnte. Begründet dann eure Entscheidung. **h**

„[…] In der linken Ecke des Hofes war eine Gruppe von Männern im Alter zwischen 30 und 50 Jahren. […] Ein junger Mann […] zog jeweils einen Mann aus der Gruppe heraus, erschlug ihn mit einer Brechstange durch einen oder mehrere Hiebe auf den Hinterkopf. Auf diese Weise hat er innerhalb einer dreiviertel Stunde die ganze Gruppe von 45–50 Personen erschlagen. […] Das Verhalten der anwesenden Zivilpersonen (Frauen und Kinder) war unwahrscheinlich, denn nach jedem Erschlagenen fingen sie an zu klatschen. […]"

Quelle: Kurzfassung nach Originalbericht eines Fotografen über eine Situation im Juni 1941 in Kowno

„[…] kam ich an einer Tankstelle vorüber, die von einer dichten Menschenmenge umlagert war. In dieser befanden sich auch viele Frauen, die ihre Kinder hochhoben oder, um besser sehen zu können, auf Stühlen und Kisten standen. Der immer wieder aufbrausende Beifall – Bravo-Rufe, Händeklatschen und Lachen – ließ mich zunächst eine Siegesfeier oder eine Art sportliche Veranstaltung vermuten. […] [Ich wurde] Augenzeuge wohl des furchtbarsten Geschehens, das ich im Verlauf von zwei Weltkriegen gesehen habe. […] wurde auf die bestialischste Weise mit einem Holzknüppel zu Tode geprügelt, wobei jeder Schlag von begeisterten Zurufen seitens der Zuschauer begleitet wurde."

Quelle: Kurzfassung nach Originalbericht eines Oberst der deutschen Wehrmacht über dieselbe Situation im Juni 1941 in Kowno

→ AH S. 18–19

Plus

3

Vergleiche die beiden Texte nach der Methode „Schriftliche Quellen auswerten“ auf Seite 129. Was schildern die beiden Personen gleich, was unterschiedlich? Nimm Stellung zu den Unterschieden. h

„Der Transport vom 11.12.1941 umfasste 1 007 Juden beiderlei Geschlechts zwischen Säugling und 65 Jahren. Zwei Personen versuchten auf dem Weg zum Bahnhof erfolglos zu fliehen. Die Jüdinnen und Juden standen ab 4 Uhr an der Verladerampe bereit. Das Einladen geschah unter größter Hast. Abfahrt des Zuges: 10:30 Uhr. Die Heizung reichte nicht bis in die hinteren Wagen. Es regnete. Ich musste mit Ausfällen durch Erkrankung rechnen. Die Juden versuchten, auf jedem Bahnhof Wasser von anderen Reisenden zu bekommen. Ankunft: 17.12., 21:50, minus 12 Grad. 2 km Fußweg zum Ghetto.“

„Mein Mann Kurt und ich mussten am 10.12. mit maximal 50 kg Gepäck zur Sammelstelle. Dort wurde uns das Gepäck weggenommen und ich zum ersten Mal in meinem Leben geschlagen. Wir mussten die ganze Nacht stehen. Ein Mann wollte wissen, wie lange wir da noch stehen müssen. Er wurde totgeschlagen. Unser Wagen war voll und beheizt. In anderen sind Kinder fast erfroren. Wir hatten Brot, aber kein Wasser. Als wir stehen blieben, wussten wir nicht, wo wir waren. Es war dunkel und eisig kalt. Wachen mit Hunden holten uns. Wir gingen ungefähr 20 km ins Ghetto.“

Quelle: Bericht eines Offiziers und Schilderung der Jüdin Hilde Shermann über die Deportationsfahrt von Düsseldorf nach Riga *(Kurzfassung nach den Originalberichten)*

4

a) Interpretiere die Karte nach der Methode „Geschichtskarten lesen“ auf Seite 129. h

b) Erkläre, warum die Opferzahlen Schätzungen sind. h

Lagerstandorte und Opferzahlen
(Geschichtskarte)
Ab 1933 dienten Konzentrationslager zur Ausschaltung der politischen Opposition. Sie waren nicht geheim. Zwischen 1941 und 1945 wurden in den von der SS geleiteten Vernichtungslagern mindestens fünf bis sechs Millionen Jüdinnen und Juden, 500 000 Roma und Sinti und viele andere Menschen planmäßig ermordet. Historikerinnen und Historiker kommen bei den Schätzungen der Zahlen der Opfer zu sehr unterschiedlichen Ergebnissen.

Kriegsbeginn

Wir lernen, Fotos zu analysieren.

A Der Zweite Weltkrieg

Immer wieder führen Menschen Kriege. Die Gründe dafür sind meist Macht- und Besitzansprüche sowie politische und religiöse Überzeugungen. Ein weiteres häufiges Motiv ist die Aussicht auf wirtschaftliche Vorteile wie der Zugang zu Rohstoffen und zu neuen Absatzmärkten. Solche Gründe führten auch zum Zweiten Weltkrieg. Dieser wurde auf zwei ursprünglich voneinander unabhängigen Kriegsschauplätzen geführt, in Asien und Europa.

B Kriegsschauplatz Asien

Ab 1931 begann Japan durch Kriege seinen Machtbereich vor allem gegen China im Pazifik und in Südostasien auszudehnen. Dort hatten aber auch Großbritannien und die USA wirtschaftliche Interessen. 1942 herrschte Japan über ein Reich mit 450 Millionen Menschen und großen Rohstoffvorkommen, vom Nordosten des heutigen Chinas bis Indonesien.

C Kriegsschauplatz Europa

Adolf Hitler setzte sich nach und nach über die Bestimmungen des Friedensvertrags von Versailles hinweg. Bis 1939 gelang es der nationalsozialistischen Regierung, das Deutsche Reich ohne Krieg zu vergrößern.
Als die deutsche Wehrmacht (= das deutsche Heer) jedoch am 1. September 1939 Polen überfiel, begann der Zweite Weltkrieg in Europa. Großbritannien und Frankreich erklärten dem Deutschen Reich den Krieg. Die aufgerüstete deutsche Armee war den Gegnern am Anfang weit überlegen.
Nach „Blitzkriegen*“ wurden 1940 Dänemark, Norwegen, die Beneluxländer und Teile Frankreichs von deutschen Truppen besetzt. Von diesen Erfolgen ermutigt, trat auch Italien auf der Seite des Deutschen Reiches in den Krieg ein. Nach dem Balkanfeldzug beherrschten die Achsenmächte* große Teile Europas und Gebiete in Nordafrika.
In einem Luftkrieg wollte die deutsche Wehrmacht auch Großbritannien besiegen. Es gelang den Briten aber trotz eigener schwerer Verluste, diese Angriffe erfolgreich abzuwehren.

1

Deutsche Soldaten reißen einen Schranken zur Grenze Polens nieder *(Ausschnitt eines nachgestellten Propagandafotos, 1. September 1939)*

Die deutsche Wehrmacht überschritt in den frühen Morgenstunden des 1. September 1939 die Grenze zu Polen. Zu Mittag rissen deutsche Soldaten für einen PK-Fotografen einen Schlagbaum aus seiner Verankerung. PK ist die Abkürzung für „Propaganda-Kompanie“.

Die Aufgaben dieser Propaganda-Truppe waren die Kriegsberichterstattung und Beeinflussung der eigenen und der gegnerischen Bevölkerung und Truppen. Die PK erledigte dies mithilfe von Flugblättern und Informationsschriften, Lautsprecherdurchsagen, Radiosendungen und Filmen.

METHODE: Fotos analysieren

Fotos sind wichtig, um vor allem die jüngere Vergangenheit rekonstruieren zu können.

1. Überblick

- Stelle fest, aus welcher Zeit das Foto stammt und beschreibe das Bild in allen Einzelheiten.

2. Analyse

- Ermittle, wer das Foto gemacht hat und wo es aufgenommen wurde.
- Kläre, ob das Bild nur einen Ausschnitt aus einem Foto zeigt und ob das Bild bearbeitet wurde.
- Erkläre, welches historische Ereignis wie dargestellt wurde. Was erscheint am wichtigsten?
- Recherchiere, ob auf dem Foto ein Ereignis nachgestellt wurde.

3. Interpretation

- Begründe, warum das Foto geschossen wurde, und erörtere, welches Ziel erreicht werden soll.
- Untersuche, wie dieses Ziel erreicht wurde.
- Schildere, was dir am Dargestellten am wichtigsten zu sein scheint.
- In welchem historischen und gesellschaftlichen Zusammenhang ist das Foto entstanden?

2

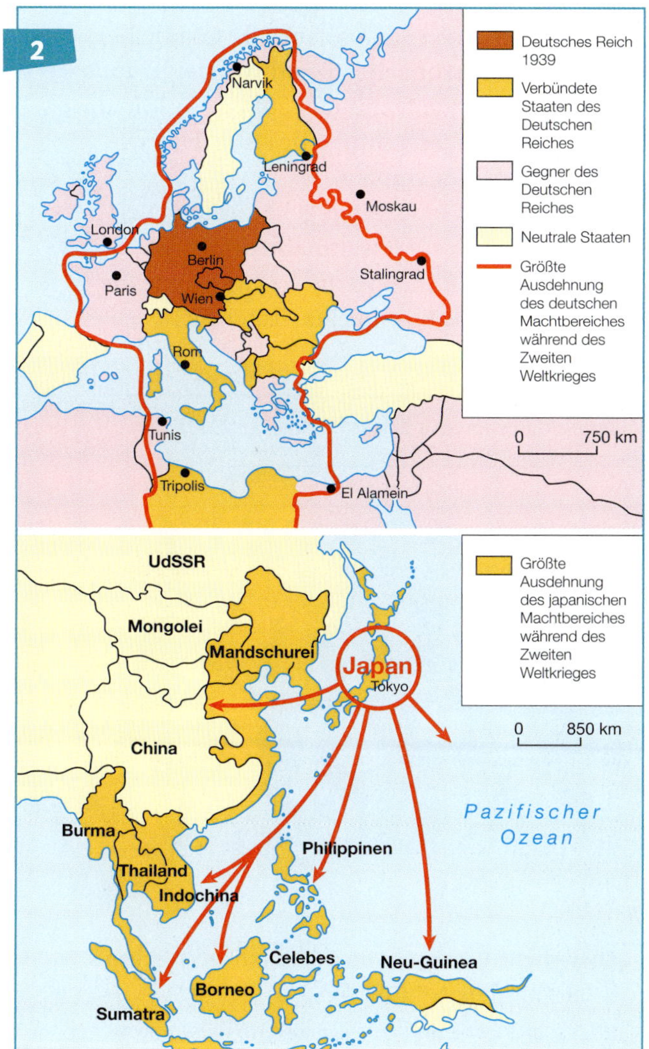

Machtbereiche im Zweiten Weltkrieg *(Geschichtskarte)*

Lexikon

Achsenmächte
das Deutsche Reich und seine Verbündeten während des Zweiten Weltkriegs, beispielsweise Italien und Japan

„Blitzkrieg"
Mit schnellen, unerwarteten Vorstößen sollte der Gegner am Aufbau einer Verteidigung gehindert werden, um einen Stellungskrieg zu vermeiden. Meist kamen dabei Land- und Luftstreitkräfte zugleich zum Einsatz.

AUFGABEN

1 Zähle die Gründe auf, warum Kriege geführt werden und unterstreiche sie im Text A. hp

2 Benenne die Kriegsparteien, die sich auf beiden Kriegsschauplätzen des Zweiten Weltkriegs gegenüberstanden, und die Interessen, die sie vertraten. B-C 2 hp

3 Interpretiere 1 nach der Methode „Fotos analysieren". hp

4 Vergleiche die beiden Karten in 2. Worin unterscheiden sie sich? Welche Gemeinsamkeiten haben sie? Worüber geben sie Auskunft? h

Propaganda und Vernichtungskrieg

Der Krieg in seiner grausamsten Art

A Entmenschlichung des Gegners

Jedem Menschen fällt es schwer, einen anderen zu töten. In der Propaganda stellten deshalb alle Kriegsparteien sich selbst als überlegen, unbezwingbar und tapfer dar, ihre Gegner aber als bösartig, gefährlich und hinterhältig. So sprach man den Kriegsgegnern das Menschsein ab. Die Hemmschwelle zu töten sollte dadurch herabgesetzt werden.

B Vernichtungskrieg der Deutschen

1941 überfielen deutsche Truppen trotz des Hitler-Stalin-Paktes* die Sowjetunion. Der Feldzug war als Vernichtungskrieg geplant, um für die Deutschen Gebiete im Osten zu sichern. Menschlichkeit gegenüber den Einwohnerinnen und Einwohnern der Sowjetunion galt als Schwäche. Es kam zu grausamen Verbrechen. Tausende Menschen wurden erschossen oder als Zwangsarbeiterinnen bzw. Zwangsarbeiter ins Deutsche Reich transportiert. Deutsche Soldaten raubten Lebensmittel, Getreide und Vieh, um ihre Truppen und die eigene Bevölkerung zu versorgen. Von den über 5,5 Millionen sowjetischen Kriegsgefangenen kamen mehr als drei Millionen ums Leben.

C Vernichtungskrieg in Asien

Während der Eroberungen der japanischen Armee kam es zu schrecklichen Gräueltaten. Massenerschießungen, Folterungen, Vertreibungen und verabscheuungswürdige Menschenversuche gehörten dazu. Millionen Menschen mussten unter katastrophalen Bedingungen Zwangsarbeit* leisten und starben. Die geschätzte Zahl der zivilen Opfer in der Zeit der japanischen Herrschaft in Teilen Chinas und Südostasiens liegt bei weit über 14 Millionen.

1

Unternehmen „Barbarossa“ *(deutsche Soldaten überqueren einen Fluss, Propagandafoto, Fotograf unbekannt, 1941)*

2

- „Für Handlungen, die Angehörige der Wehrmacht […] gegen feindliche Zivilpersonen begehen, besteht kein Verfolgungszwang, auch dann nicht, wenn die Tat zugleich ein militärisches Verbrechen oder Vergehen ist.
- Freischärler* sind […] im Kampf oder auf der Flucht schonungslos zu erledigen.
- Auch alle anderen Angriffe feindlicher Zivilpersonen […] sind von der Truppe auf der Stelle mit den äußersten Mitteln bis zur Vernichtung des Angreifers niederzukämpfen.
- Gegen Ortschaften […] werden […] kollektive* Gewaltmaßnahmen durchgeführt, wenn die Umstände die Feststellung einzelner Täter nicht gestatten.“

Quelle: „Barbarossa-Erlass*“ *(Auszug, 1941)*

3

Chinesische Gefangene im chinesisch-japanischen Krieg
(Foto, 20. Jahrhundert, Japan)

Kriegsgefangene und Zivilbevölkerung wurden von japanischen Soldaten oft äußerst grausam behandelt, zu harter Arbeit gezwungen und ermordet.

4

Propagandaplakate – Japan aus der Sicht der USA; Werbung für die japanische Luftwaffe *(Propagandaplakate, 1942, USA und Japan)*

Auf dem amerikanischen Plakat steht: „Das ist der Feind“. Auf dem japanischem Plakat steht: „Anwerbung junger Heerespiloten – Funk, Wartung, Steuerung – Heeresflugschule“.

Lexikon

Barbarossa-Erlass
„Fall Barbarossa“ war der Deckname für die Vorbereitungen der deutschen Wehrmacht zum Angriff auf die Sowjetunion. Dieser begann am 22. Juni 1941. Ein Erlass ist eine Anordnung, in diesem Fall vom Oberkommando der Wehrmacht (OKW).

Freischärler
sind Freiwillige eines militärischen Verbandes, der nicht einem Staat untersteht.

Hitler-Stalin-Pakt
ist die Bezeichnung für den deutsch-sowjetischen Nichtangriffspakt vom 23. August 1939. In einem Zusatzprotokoll wurden die Einflussgebiete der beiden Staaten in Osteuropa abgegrenzt. Ebenso wurde die Aufteilung Polens beschlossen.

kollektiv
gemeinschaftlich, gruppenweise

Zwangsarbeit
Arbeit, die unter schlechten Bedingungen unter Zwang oder als Strafe verrichtet werden muss

AUFGABEN

1 Stelle fest, wann und warum deutsche Truppen die Sowjetunion überfielen. A-B (Lexikon, Seite 18) h

2 Erkläre in eigenen Worten, was unter einem „Vernichtungskrieg“ zu verstehen ist. B-C 2-3 hp

3 Interpretiere 2 nach der Methode „Fotos analysieren“ auf Seite 41. Begründe, warum 1 und 2 in einem Zusammenhang stehen können. hp

4 Interpretiere 2 nach der Methode „Schriftliche Quellen auswerten“ auf Seite 129. hp

5 Vergleiche, wer auf den beiden Plakaten in 4 wie dargestellt wird, und beschreibe die Unterschiede in allen Einzelheiten. h

6 Recherchiere, wie das Thema dieser Doppelseite in anderen Medien (Sachbuch, TV …) dargestellt wird. hp

Kriegsende

Die Alliierten* entschieden den Krieg.

A Der Krieg wird zum Weltkrieg

1941 griff Japan ohne Kriegserklärung den US-amerikanischen Flottenstützpunkt Pearl Harbor im Pazifik an. Nun traten auch die USA in den Krieg ein. Als Bündnispartner Japans erklärte das Deutsche Reich den USA den Krieg. Bis Mitte 1942 gewann Japan Gebiete, doch nach der Niederlage von Guadalcanal* mussten sich die Japaner immer weiter zurückziehen.

B Der „Totale Krieg"

Die Niederlage der deutschen Wehrmacht begann mit den Schlachten von Stalingrad und El Alamein. Kurze Zeit später rief Goebbels, der deutsche Reichspropagandaminister, zum „Totalen Krieg", zur Mobilisierung der letzten Reserven für den Krieg, auf. Frauen arbeiteten in Rüstungsbetrieben, Kriegsgefangene und Zivilpersonen aus den besetzten Gebieten wurden zur Arbeit gezwungen und sehr junge und alte Menschen an die Front geschickt. Doch die Überlegenheit der Alliierten an Soldaten und Kriegsmaterial war zu groß. Während die NS-Führung immer noch vom Sieg sprach, erlebten die Menschen in Deutschland, was Krieg bedeutete: Bombenangriffe, brennende Städte, Hunger und Tod.

C Der Krieg geht zu Ende

1944 landeten alliierte Truppen in der Normandie und eroberten von dort aus das vom Deutschen Reich besetzte Frankreich zurück. Gleichzeitig rückten Soldaten der Sowjetunion vom Osten und Südosten immer weiter vor, während vom Süden Italiens britische und US-amerikanische Streitkräfte nach Norden vordrangen. Die Niederlage des Deutschen Reiches war besiegelt. Es kapitulierte endgültig am 8. Mai, Japan am 2. September 1945. Damit war der Krieg beendet.

1

Schlacht von Stalingrad *(Foto, sowjetische Soldaten im Häuserkampf, 1942)*

250 000 deutsche Soldaten versuchten, die sowjetische Stadt Stalingrad (heute Wolgograd) Ende 1942 einzunehmen. In einer völlig zerstörten Stadt wurde um jedes einzelne Gebäude unter hohen Verlusten auf beiden Seiten gekämpft. Nach der Niederlage der Deutschen gerieten 90 000 Soldaten in Kriegsgefangenschaft, aus der nur noch 6 000 zurückkehren sollten. Der Krieg im Osten hatte sich gewendet. Von diesem Zeitpunkt an waren die deutschen Soldaten auf dem Rückzug.

2

Kriegsschauplatz Afrika *(Foto, Schlacht bei El Alamein, Juli 1942)*

In Libyen, Ägypten und Tunesien wurde ab 1940 um die Vorherrschaft in Nordafrika gekämpft. Hitler schickte deutsche Truppen, um eine italienische Niederlage gegen die Briten zu verhindern. Nach Anfangserfolgen kam es auf deutscher Seite zu Versorgungsschwierigkeiten mit Wasser und Treibstoff. 1943 mussten die Achsenmächte kapitulieren. 252 000 deutsche und italienische Soldaten gingen in Gefangenschaft. Mit dieser Niederlage war der Süden Europas für einen Angriff der Alliierten frei.

3

Kriegsende in Asien *(Foto, Nagasaki/Hiroshima, 1945)*

Japan wollte trotz der aussichtlosen militärischen Lage zunächst nicht kapitulieren. Um hohe Verluste zu vermeiden, befahl der amerikanische Präsident Harry S. Truman (1945–1953) den Abwurf von Atombomben auf die Städte Hiroshima (6. August 1945) und Nagasaki (9. August 1945).

Viele tausende Menschen starben an den schweren Verbrennungen, Jahre später auch noch an den Folgen der radioaktiven Strahlung. Geschätzt wurden bis zu 240 000 Todesopfer. Japan kapitulierte daraufhin am 2. September 1945.

4

Kriegsende in Österreich *(Foto von Otto Croy, Wien, 1945)*

Ab 1944 kam es in Österreich beinahe täglich zu alliierten Luftangriffen. Ziele waren Flughäfen, Fabriken, wichtige Verkehrsverbindungen und Bahnhöfe. Doch auch Wohngebiete wurden getroffen. So wurden beispielsweise in Wiener Neustadt 88 Prozent der Wohngebäude zerstört oder beschädigt, in Villach 85 Prozent und in Klagenfurt 65 Prozent. Französische Truppen eroberten den Westen Österreichs, amerikanische den Nordwesten, sowjetische den Osten und Südosten sowie britische den Süden.

Lexikon

Alliierte
bedeutet wörtlich „Verbündete". Die USA, die Sowjetunion, Großbritannien und Frankreich wurden im Zweiten Weltkrieg als „die Alliierten" bezeichnet.

Guadalcanal
Inselgruppe im Pazifik

AUFGABEN

1 Erkläre die Überschrift zu A. (Seite 40) h

2 Arbeite mit A–C, 1 und 2 die Folgen der Niederlagen für das Deutsche Reich heraus. hp

3 Fasse die Folgen des Abwurfes der Atombomben über Hiroshima und Nagasaki zusammen. 3 h

4 Stelle den Kriegsverlauf in Österreich und besonders in deinem Bundesland (oder Heimatort) dar. Prüfe dabei nach der Methode „Internet-Recherche" auf Seite 128. 4 h

Das Gesicht des Krieges …

… am Beispiel des Zweiten Weltkriegs

A Was Krieg wirklich bedeutet

Das können wir uns nicht vorstellen. Bilder und Nachrichten in den Medien zeigen, welch unbeschreibliches Leid Kriege tausenden Menschen auch heute noch bringen. Oft werden Begriffe wie Heldentum und Ehre verwendet. Krieg bedeutet aber …

B … Tod, Zerstörung, Leid und Hass

Am Ende des Zweiten Weltkriegs zählte man etwa 55 Millionen tote Soldaten, Zivilistinnen und Zivilisten. Sie fielen den weltweiten Kampfhandlungen, systematischen Verfolgungen, Vergewaltigungen, Bombardierungen und Vertreibungen zum Opfer. Weite Teile Ostasiens und Europas und unzählige Städte waren zerstört. Millionen Menschen hungerten. Hass und gegenseitiges Misstrauen aus dieser Zeit wirken bis heute nach.

C Kriege heute – ein Geschäft

Zwischen 1945 und 2016 gab es weltweit über 220 Kriege. Die USA und viele Staaten Europas sind direkt oder indirekt an Kriegen auf anderen Kontinenten beteiligt. Die größten Waffenhersteller der Welt sind in den USA, Russland und einigen europäischen Staaten ansässig. Weltweit setzten die 100 größten Rüstungsunternehmen im Jahr 2014 Waffen im Wert von über 100 Milliarden Euro um. Die reichen Staaten sind abhängig von Rohstoffen wie Öl, Erdgas und Erzen. Sie mischen sich deshalb in Konflikte anderer Länder ein, weil sie deren Rohstoffe brauchen. Diese Industriestaaten sind auch bereit, Handelswege notfalls mit militärischen Mitteln zu sichern.

1

Krieg bedeutet

(Foto, Häftlinge in einem Rüstungsbetrieb bei Dachau, Fotograf und Datum unbekannt)

Ungefähr 20 Millionen Menschen gerieten während des Krieges in Gefangenschaft. Millionen starben in dieser. Viele wurden zur Arbeit gezwungen, da es aufgrund des Fronteinsatzes der Männer an Arbeitskräften mangelte.

2

Krieg bedeutet

(die deutsche Bevölkerung im Moselgebiet wird aus dem frontnahen Gebiet evakuiert, Propagandafoto, Fotograf Arthur Grimm, 1944)

Wenn eine Bevölkerungsgruppe gezwungen wird, ihre Heimat zu verlassen, spricht man von Vertreibung. Kriege waren und sind häufig Anlass für solche Vertreibungen. Während des Zweiten Weltkriegs und unmittelbar danach wurden schätzungsweise 20 Millionen Menschen vertrieben oder mussten flüchten: Albanerinnen, Albaner, Chinesinnen, Chinesen, Deutsche, Jüdinnen, Juden, Karelier, Kurdinnen, Kurden, Polinnen, Polen, Tschetscheninnen, Tschetschenen, Ukrainerinnen, Ukrainer, Ungarinnen und Ungarn waren nur einige davon.

3

Krieg bedeutet

(Foto, Dresden/Deutschland, 1945)

Ziel aller Luftangriffe waren kriegswichtige Fabriken, Straßen und Militäreinrichtungen. Auch die Bevölkerung sollte bewusst getroffen werden, um ihre Kampfbereitschaft zu brechen. Deshalb wurden viele Städte bombardiert. Das Bild zeigt die deutsche Stadt Dresden nach Bombenangriffen 1945. Aber auch in Großbritannien, Italien, Österreich, Jugoslawien, Polen, der Sowjetunion und den Niederlanden wurden Städte zerstört.

4

Krieg bedeutet

(Soldatenfriedhof im Deutschen Reich, privates Foto, 1940)

Millionen Menschen verloren während des Krieges ihre körperliche oder seelische Gesundheit, Vater, Mutter, Geschwister und andere Verwandte sowie Freundinnen und Freunde. Ihre Wohnungen und Arbeitsstätten waren zerstört, ihr Eigentum verloren. Nahrung und Hoffnung auf eine bessere Zukunft fehlten vielen. Das Bild zeigt einen deutschen Soldaten am Grab eines Kameraden.

5

Krieg bedeutet

(nach einem deutschen Luftangriff auf London, Fotograf Toni Frisell, London, 1940)

Anstatt zu spielen, lesen oder Sport zu betreiben, mussten viele Kinder und Jugendliche im Laufe des Zweiten Weltkrieges als Soldaten für ihr Land in den Krieg ziehen. Das Bild zeigt einen kleinen Jungen verlassen nach einem Luftangriff.

AUFGABEN

1. Ordne die folgenden Begriffe 1 bis 5 zu: Flucht und Vertreibung, Gefangenschaft und Zwangsarbeit, Verlust und Schmerz, Zerstörung, zivile Opfer. h
2. Wähle ein Bild aus und formuliere Fragen nach der Methode „Historische Fragen stellen“ auf Seite 129. 1-4 h
3. Versuche, nach der Methode „Internet-Recherche“ auf Seite 128 Antworten auf deine Fragen aus Aufgabe 2 zu formulieren. h
4. Verfasse nach der Methode „Erstellen einer Wandzeitung“ auf Seite 130 einen Bericht zum Thema „Das Gesicht des Krieges“. A-C 1-5 hp
5. Gestalte einen „Aufruf gegen den Krieg“ und hänge ihn in der Klasse auf. hp

Die Welt nach dem Krieg

Ost* und West* gehen getrennte Wege.

A Ost gegen West

Die Sowjetunion kontrollierte nach 1945 die meisten Staaten Osteuropas. Die USA, Frankreich und Großbritannien kontrollierten West- und Südeuropa. Ost und West versuchten, ihre politischen und wirtschaftlichen Ideen durchzusetzen.
So entstanden im sowjetischen Einflussbereich Diktaturen mit Planwirtschaft, im Einflussbereich der USA Demokratien mit freier Marktwirtschaft*. Beide beschuldigten einander, den Machtbereich erweitern zu wollen. Die von der Sowjetunion abhängigen Staaten begannen, streng überwachte Grenzsperren zu errichten. Diese wurden „Eiserner Vorhang" genannt und trennten nun Europa.

B BRD – DDR

Nach dem Krieg wurde Deutschland in vier Besatzungszonen aufgeteilt. In den westlichen Zonen fanden demokratische Wahlen statt. In der sowjetischen Zone entstand eine kommunistische Diktatur, die sich „Volksdemokratie*" nannte. Ab 1949 gab es zwei deutsche Staaten: die Bundesrepublik Deutschland (BRD) und die Deutsche Demokratische Republik (DDR). Berlin blieb zweigeteilt.

C Japan und China

Japan wurde nach dem Krieg von den USA besetzt. Die führenden Politiker Japans mussten sich für ihr Handeln im Krieg in Prozessen verantworten. Japan verlor alle eroberten Gebiete. Es wurde 1952 wieder unabhängig. In China setzte sich nach einem Bürgerkrieg der Kommunismus durch. Die Volksrepublik China wurde 1949 unter Mao Zedong gegründet. Der im Bürgerkrieg unterlegene Tschiang Kai-Schek zog sich auf die Insel Taiwan zurück.

1

Karikatur zu den Nürnberger Prozessen: „In Nürnberg und anderswo – Er hat mir´s doch befohlen!"
(aus der Tageszeitung „Neues Österreich", 20. Juli 1946)

Mit den Nürnberger Prozessen wurde die Entnazifizierung eingeleitet. Führende NS-Politiker wurden zur Verantwortung gezogen.*

2

- „Eisener Vorhang"
- zeitweilig unter sowjetischer Besatzung
- sowjetischer Einflussbereich, „Ostblock" (bis 1955)
- westlicher Einflussbereich
- zeitweiliger sowjetischer Einflussbereich (Jugoslawien bis 1948, Albanien bis 1961)
- sowjetische Unterstützung der Kommunisten im griechischen Bürgerkrieg (bis 1949)

Das Zeitalter des „Eisernen Vorhangs" 1945–1990
(Geschichtskarte)

Alle Staaten benötigten nach dem Krieg Hilfe für den Wiederaufbau. Der Marshallplan war ein Wirtschaftsprogramm der USA für den Wiederaufbau Europas. Besonders die Staaten westlich des „Eisernen Vorhangs" nahmen ihn in Anspruch.

3

Die Vereinten Nationen

Hauptorgane

- **Sicherheitsrat**
- **Internationaler Gerichtshof**
- **Generalversammlung**
- **Wirtschafts- und Sozialrat**
- **Sekretariat**
- **Treuhandrat** *(tagt nur bei Bedarf)*

Nebenorgane und Programme
(Beispiele)

UNICEF – Kinderhilfswerk
WFP – Welternährungsprogramm
HRC – Menschenrechtsrat

Sonderorganisationen
(Beispiele)

WHO – Weltgesundheitsorganisation
UNESCO – Organisation für Erziehung, Wissenschaft und Kultur
IWF – Internationaler Währungsfonds

Verwandte Organisationen
(Beispiele)

WTO – Welthandelsorganisation
OPCW – Organisation für das Verbot chemischer Waffen
IAEA – Internationale Atomenergiebehörde

Der Aufbau der UNO

Nach dem Ersten Weltkrieg wurde der Völkerbund gegründet. Er sollte in Krisen zwischen Staaten vermitteln und den Frieden sichern. Doch der Zweite Weltkrieg konnte nicht verhindert werden. 1945 wurde eine neue Weltgemeinschaft ins Leben gerufen: die Vereinten Nationen = United Nations Organization (UNO). Die Mitgliedstaaten machten es sich zur Aufgabe, den Weltfrieden zu sichern, die Menschenrechte zu schützen, die Gleichberechtigung aller Staaten zu garantieren und vieles mehr. Heute hat die UNO 193 Mitglieder.

Die Vertreterinnen und Vertreter der Mitgliedstaaten treffen sich einmal jährlich zur Generalversammlung. Diese kann keine zwingenden Beschlüsse fassen, sondern nur Empfehlungen abgeben. Dabei hat jeder Staat eine Stimme. Der „oberste Beamte" der UNO ist der Generalsekretär. Gegen einen Staat, der andere bedroht oder angreift, kann der Sicherheitsrat Sanktionen (Zwangsmaßnahmen) anordnen.

Lexikon

Entnazifizierung
Nach dem Krieg wollten die Alliierten die deutsche und die österreichische Gesellschaft von allen Einflüssen des Nationalsozialismus befreien. Menschen, die sich an Kriegsverbrechen beteiligt oder Vorteile ausgenützt hatten sowie Mitläuferinnen und Mitläufer mussten sich vor Gericht verantworten. Es kam zu vielen Verurteilungen, doch ebenso konnten sich viele durch Flucht der Verantwortung entziehen. Zudem wurde die Mehrzahl der Angeklagten als „minderbelastet" bezeichnet. Ab 1949 wurden in Österreich etwa 480 000 „Minderbelastete", die zum Wiederaufbau Österreichs nötig waren, nicht mehr strafrechtlich verfolgt.

freie Marktwirtschaft
In einer freien Marktwirtschaft bestimmen Angebot und Nachfrage den Preis eines Produktes. Löhne und Produktion werden von den Unternehmen selbst bestimmt. Der Staat greift nur beschränkt ein.

Ost – West
Ost (oder Ostblock): alle kommunistischen Staaten in Osteuropa unter sowjetischem Einfluss; West: alle west- und südeuropäischen Demokratien unter dem Einfluss der USA

Volksdemokratie
Regierungsform in kommunistischen Staaten; diese Staaten bezeichnen sich als Demokratien, obwohl nur die kommunistische Partei regieren darf. Man nennt sie auch kommunistische Diktaturen.

AUFGABEN

1 Fasse die Situation nach dem Zweiten Weltkrieg zusammen. A–C 1–3 h

2 Interpretiere 1 nach der Methode „Karikaturen verstehen" auf Seite 130. hp

3 Interpretiere 2 nach der Methode „Geschichtskarten lesen" auf Seite 129. hp

4 Prüfe nach der Methode „Internet-Recherche" auf Seite 128 und erkläre folgende Begriffe: Sicherheitsrat, Aufgaben und Bedeutung des Internationalen Gerichtshofs, UNO-City in Wien. hp

5 Die Seiten 40–49 sind Geschichtsdarstellungen zum Zweiten Weltkrieg. Untersuche die Doppelseiten und arbeite heraus, welche Schwerpunkte gesetzt wurden. Hättest du die gleiche Verteilung gewählt oder hättest du noch andere Themen stärker betont haben wollen? Vergleiche mit einem anderen Schulbuch zum gleichen Thema. Was fällt dir auf? h

Zusatzmaterial sa3bt2 → AH S. 24

Der Kalte Krieg ...

... war ein Krieg, der nicht auf dem Schlachtfeld geführt wurde.

A Gleichgewicht des Schreckens

Bald nach dem Krieg kämpften die USA und die Sowjetunion um die Vormachtstellung. Um die Ausdehnung des gegnerischen Machtbereichs zu verhindern, wurden Militärbündnisse geschlossen. Die USA gründeten die NATO*, die Sowjetunion den Warschauer Pakt*. Beide Staaten sahen ihre Lebensweise, ihre Wirtschafts- und Staatsform als die bessere an. Außerdem versuchten sie, einander mit großartigen Leistungen im Sport und in der Wissenschaft zu übertreffen. Sowohl die USA als auch die Sowjetunion verfügten über Atomwaffen. Bald folgte ein Wettrüsten. Im Laufe der folgenden Jahrzehnte wurden so viele Waffen produziert, dass man die Menschheit mehrfach hätte auslöschen können. Beide Seiten hatten Angst vor einem Krieg, den niemand gewinnen konnte. Deshalb sprach man vom „Gleichgewicht des Schreckens".

B Europa zur Zeit des Kalten Krieges

Die osteuropäischen Staaten hatten im Zweiten Weltkrieg besonders große Schäden erlitten. Dennoch nahmen sie auf Druck der Sowjetunion nicht am Marshallplan teil. Dadurch fehlte das notwendige Geld zum Wiederaufbau. Der „Rat für gegenseitige Wirtschaftshilfe*", die Verstaatlichung der Wirtschaft und die Einführung der Planwirtschaft sollten die Lage verbessern. Der Osten blieb wirtschaftlich aber deutlich hinter dem Westen zurück. Durch Volksaufstände versuchten sich einige Staaten (DDR, Polen, Ungarn, Tschechoslowakei) vom sowjetischen Einfluss zu befreien. Die sowjetische Armee schlug aber die Aufstände nieder. Die Unterdrückung der Meinungsfreiheit, schlechte Arbeitsbedingungen, Zensur und das Einparteiensystem blieben bestehen. Die Sowjetunion machte klar, dass nur sie den politischen Kurs in den Ostblock-Staaten bestimmte.

1

Kubakrise 1962 *(„Einverstanden, Herr Präsident, wir wollen verhandeln ...", Karikatur, „Daily Mail", London, 1962)*

1962 stationierte die Sowjetunion Raketen auf Kuba, kaum 100 Kilometer von den USA entfernt. Der amerikanische Präsident John F. Kennedy (1961–1963) drohte mit Waffengewalt.

Der sowjetische Staatschef, Nikita Chruschtschow (1953–1964), lenkte ein. Die Raketen auf Kuba wurden abmontiert. Im Gegenzug zogen die USA ihre Raketen aus Italien und der Türkei ab. So kam es nie zu einem direkten militärischen Konflikt zwischen den USA und der Sowjetunion.

Beide Staaten griffen aber immer wieder bei Kriegen anderer Länder ein: Sie lieferten Waffen, stellten Ausbilder oder gaben Geld. Diese Auseinandersetzungen nennt man Stellvertreterkriege. Beispiele sind der Korea-, der Vietnam- oder der Afghanistankrieg.

2

Bau der „Berliner Mauer" *(Foto, August 1961)*

1953 kam es in der DDR zu einem Volksaufstand. Nach dem Tod Stalins hatten viele gehofft, mehr Freiheiten zu bekommen. Die Aufstände wurden jedoch mithilfe der sowjetischen Armee niedergeschlagen. Deshalb wollten viele Menschen aus der DDR in den Westen. An die drei Millionen flohen. Das schwächte die DDR, weil es bald an Fachkräften mangelte. 1961 wurde deshalb die Grenze nach Westberlin durch den Bau der „Berliner Mauer" fast unüberwindbar gemacht. Grenzsoldaten hatten den Befehl, auf jeden Flüchtling zu schießen. Die Mauer trennte Eltern von Kindern, Eheleute und Geschwister, Verwandte, Freundinnen und Freunde.

3

NATO und Warschauer Pakt Mitte der 1960er Jahre

Die Staaten des Warschauer Paktes wurden auch „Ostblock" genannt.

4

Prager Frühling 1968 *(Pressefoto, 21. August 1968)*

In der Tschechoslowakei kam es 1968 zum sogenannten „Prager Frühling". Die kommunistische Partei versprach den Menschen Meinungs-, Versammlungs- und Reisefreiheit. Auch die Wirtschaft sollte mehr Freiheiten erhalten. Doch damit war die Sowjetunion nicht einverstanden. Truppen des Warschauer Paktes marschierten am 21. August 1968 in die Tschechoslowakei ein und beendeten den „Prager Frühling".

Lexikon

NATO
North Atlantic Treaty Organization: Nordatlantikpakt, 1949 gegründet; Gründungsmitglieder waren unter anderen die USA, Großbritannien, Kanada, Italien, Frankreich und Portugal. Heute hat die NATO 29 Mitglieder.

Rat für gegenseitige Wirtschaftshilfe (COMECON)
Der COMECON wurde 1949 als Reaktion auf den Marshallplan ins Leben gerufen. Er war der wirtschaftliche Zusammenschluss vieler Ostblock-Staaten unter der Führung der Sowjetunion.

Warschauer Pakt
Der Warschauer Pakt ist das Militärbündnis, das unter der Führung der Sowjetunion 1955 mit unter anderen folgenden Staaten gegründet wurde: DDR, Ungarn, Polen und Rumänien.

AUFGABEN

1 Erkläre den Begriff „Kalter Krieg". A-B 1-4 hp

2 Stelle in einer Tabelle die NATO-Staaten jenen des Warschauer Paktes gegenüber. A 3 (Atlas) h

3 Gib wieder, was unter Stellvertreterkriegen zu verstehen ist. A 1 h

4 Begründe, warum der Abzug der Raketen aus Kuba und der Türkei so wichtig war. A 1, 3 hp

5 Erkläre, warum Millionen Menschen aus der DDR in den Westen flohen. B 2 h

6 Stelle dir vor, du bist Bürgerin oder Bürger der DDR und wohnst in Ost-Berlin. Formuliere einen Brief an deinen Bruder in den USA und erzähle ihm über die Geschehnisse im Jahr 1961. hp

7 Analysiere, warum der „Prager Frühling" so genannt wurde. 4 hp

Zusatzmaterial h2e52t → AH S. 25

Israel

Staatsgründung mit Schwierigkeiten

A Von der Idee ...

Ende des 19. Jahrhunderts entstand die Idee von der Gründung eines jüdischen Staates. Dieser jüdische Nationalismus wird auch „Zionismus*“ genannt. Erste Einwanderungswillige kamen ins Land ihrer Vorfahren, nach Palästina*. Die Briten, die Palästina vor 1945 verwalteten, unterstützten die Gründung eines jüdischen Staates und teilten Palästina in zwei Verwaltungsbereiche. Westlich des Flusses Jordan durften sich in bestimmten Gebieten jüdische Menschen ansiedeln. Östlich des Jordan entstand Transjordanien.

B ... zur Wirklichkeit: Nahostkonflikt

In der Zwischenkriegszeit und vor allem während der Shoah wanderten hunderttausende jüdische Menschen in Palästina ein. Immer wieder kam es zu gewaltsamen Auseinandersetzungen zwischen jüdischen Einwanderinnen und Einwanderern und der arabischen Bevölkerung, den Palästinenserinnen und Palästinensern. Die Generalversammlung der Vereinten Nationen 1947 versuchte, durch Grenzänderungen die Lage zu beruhigen (Teilungsplan). Die jüdische Bevölkerung war für, die arabische gegen diesen Plan.
Dennoch wurde der Staat Israel offiziell am 14. Mai 1948 ausgerufen und von den USA und der Sowjetunion anerkannt. Die große Mehrzahl der Staaten hat Israel seitdem auch anerkannt.
Die Gründung Israels hatte mehrere Kriege mit arabischen Nachbarstaaten zur Folge.
Seit 1977 gibt es Friedensbemühungen.
Friedensverträge bestehen zwischen Israel und Ägypten (seit 1979) und Israel und Jordanien (seit 1994). Die Spannungen zwischen Israelis und Palästinensern aber nahmen zu. Einerseits gründete Israel neue jüdische Siedlungen im Palästinensergebiet. Andererseits verübten palästinensische Extremisten, wie zum Beispiel Anhänger der PLO*, immer wieder Attentate.
Der Nahostkonflikt ist bis heute nicht beendet.

1

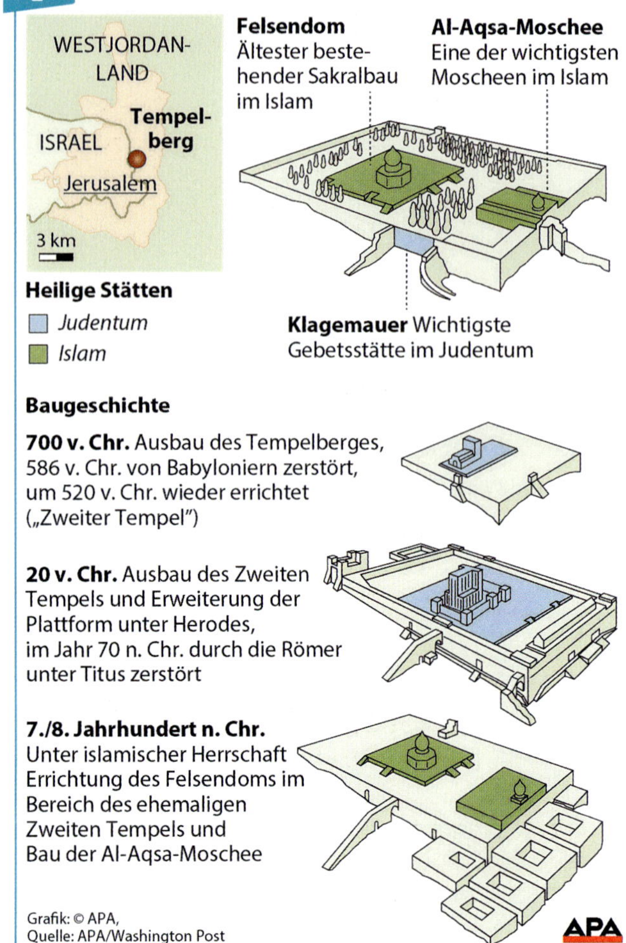

Der Tempelberg in Jerusalem *(Graphik, 2015)*

Die Stadt Jerusalem ist für alle drei monotheistischen Weltreligionen (Judentum, Christentum, Islam) ein heiliger Ort. Die Grabeskirche Jesu, ein Pilgerort der Christenheit, ist nicht weit vom Tempelberg entfernt.

2

Der Sechs-Tage-Krieg 1967 *(israelische Schützenpanzer in der Wüste, Foto, Sinai 1967)*

Der Krieg gegen Ägypten, Jordanien und Syrien dauerte vom 5. bis zum 10. Juni 1967. Am Ende des Krieges kontrollierte Israel unter anderem den Gazastreifen, die Golan-Höhen und die palästinensischen Gebiete im Westjordanland.

3

Israel und Palästina 2022 *(Geschichtskarte)*

4

Trennungsmauer zwischen Jerusalem und dem Westjordanland *(Pressefoto, Fotograf Thomas Coex, 2017)* **und Alltag in Jerusalem** *(Urlaubsfoto, Fotograf Martin Furtschegger, 2016)*

Zwei große Organisationen kämpfen für einen palästinensischen Staat: die PLO und die „Hamas“. Die „Hamas“ begann ab 1987 mit der „Intifada“ und machte vor allem durch Selbstmordattentate, Raketenangriffe und Angriffe auf Zivilisten auf sich aufmerksam. Die Fatah (arab.: Öffnung, Befreiung), eine Gruppe in der PLO, strebt die Unabhängigkeit von Israel an. Sie tritt für die Zweistaatenlösung ein: Zwei Staaten sollen auf dem Gebiet Israels entstehen: Israel und Palästina. Seit 2007 können sich Fatah und Hamas nicht längerfristig auf ein gemeinsames Vorgehen einigen. Die ständige Anwesenheit von Militär und Polizei gehören zum Alltag in Israel.*

Lexikon

Intifada
arab.: sich erheben, abschütteln; Aufstände der palästinensischen Bevölkerung gegen den israelischen Staat

Palästina
ursprünglich Name einer römischen Provinz; heute: von Palästinenserinnen und Palästinensern bewohnte Gebiete

PLO (Palestine Liberation Organisation = Palästinensische Befreiungsorganisation)
Dachorganisation palästinensischer Gruppen seit 1964; manche Gruppen beteilig(t)en sich an Gewalttaten, andere setzen sich für eine friedliche Lösung ein.

Zion/Zionismus
Zion ist ursprünglich der Name einer Burg an der Stadtgrenze Jerusalems. Später wurde Zion zum Begriff für Jerusalem und das Land Israel. Der Wunsch vieler jüdischer Menschen nach einem eigenen Staat im Land ihrer Vorfahren heißt Zionismus.

AUFGABEN

1. Fasse zusammen, wie es zur Gründung Israels kam. A–B — hp
2. Stelle fest, wo die Friedensbemühungen erfolgreich waren und wo nicht. B 4 — hp
3. Erkläre, wieso der Tempelberg so wichtig für Judentum, Christentum und Islam ist. 1 — hp
4. Arbeite aus der Karte heraus, wie sich die Grenzen Israels verändert haben. 3 — h
5. Verfasse mithilfe dieser Doppelseite eine kurze „Geschichte Israels“. A–B 1–4 — hp

Entkolonialisierung

Kolonien werden selbstständige Staaten.

A Warum Freiheitsbewegungen?

Während des Zweiten Weltkriegs und auch danach konnten die Kolonialmächte die Kontrolle über ihre noch bestehenden Kolonien nur noch schwer aufrechterhalten. In den Kolonien in Asien und später auch in Afrika entstanden Unabhängigkeitsbewegungen. Sie wurden häufig von Männern angeführt, die an Universitäten studiert hatten. Dort lernten sie kommunistisches Gedankengut und die Ideen der Demokratie und des Nationalismus kennen. Die UNO forderte das Selbstbestimmungsrecht der Völker ein. Neue Staaten entstanden. Die ehemaligen Mutterländer, die USA und die Sowjetunion versuchten zur Zeit des Kalten Krieges und danach, diese Staaten politisch zu beeinflussen. Sie wollten militärische Stützpunkte und billige Rohstoffe für ihre Industrie sichern.

B Folgen für die neuen Staaten

Die Hoffnung auf ein besseres Leben in den neuen Staaten erfüllte sich selten, weil die wirtschaftliche Abhängigkeit von den Industriestaaten bestehen blieb. Nach dem Abzug der Kolonialherren fehlten Fachleute in allen Bereichen. Häufig stritten sich verschiedene Interessensgruppen, wer künftig regieren sollte. Oft setzte sich ein Diktator mithilfe des Militärs oder der Großmächte durch, für die wirtschaftliche Interessen wichtiger als Menschenrechte waren. Naturkatastrophen, Hungersnöte, Seuchen und medizinische Unterversorgung verschlimmerten die Lage. Religions- und Sprachenvielfalt sowie Grenzstreitigkeiten mit Nachbarstaaten führten zu Bürgerkriegen und Kriegen, in denen tausende Menschen getötet oder in die Flucht getrieben wurden. In riesigen Flüchtlingslagern leiden heute hunderttausende Menschen große Not.

1

Ehemalige Kolonien, die nach 1939 unabhängig wurden *(Geschichtskarte)*

Die Grenzen der ehemaligen Kolonien in Afrika waren in der Kolonialzeit von Verwaltungsbeamten der Mutterländer teilweise mithilfe des Lineals auf der Landkarte festgelegt worden. Dies war ohne Rücksicht auf die Wünsche der ansässigen Bevölkerung und deren Religion, Sprache oder Kultur geschehen. Auch auf natürliche Grenzen wie Flüsse oder Gebirge wurde wenig Rücksicht genommen.

Der Versuch, mit der Unabhängigkeit Indiens zwei Nachfolgestaaten mit religiösen Mehrheiten zu schaffen, führte zu Wanderungswellen und mehreren Kriegen um die Grenzen. Mehr als sechs Millionen Menschen islamischen Glaubens wanderten nach Pakistan. Etwa gleich viele Hindus zogen nach Indien. Bei Ausschreitungen während der Wanderungen kamen etwa 500 000 Menschen ums Leben.

Die UNO entsendet seit 1949 militärische Beobachtungstruppen in das umstrittene Gebiet. Sowohl Indien als auch Pakistan verfügen über Atomwaffen.

2

Flüchtlinge im eigenen Land *(Pressefoto, Fotograf Stephen Morrison, Demokratische Republik Kongo, 2008)*

Kriegerische Auseinandersetzungen in und zwischen ehemaligen Kolonien sind bis heute die Ursache für Zerstörung, Vertreibung, Not und Tod. Dass Menschen aus Flüchtlingslagern in ihre Heimatdörfer zurückkehren können (wie auf der Abbildung), ist selten möglich.

3

Illegale Einwanderung *(Pressefoto, Fotograf Emilio Morenatti, Calais, 2017)*

Um der Not zu entkommen, versuchen viele Menschen, illegal in die ehemaligen Mutterländer einzureisen. In Calais in Frankreich entstand ein Lager, „Dschungel“ genannt. Von hier aus versuchten Flüchtlinge, auf LKWs oder in Zügen von Frankreich nach Großbritannien zu gelangen. Illegal eingewanderte Menschen bekommen oft keine Aufenthaltserlaubnis, Arbeit und Wohnung. Sie leben in der Angst, abgeschoben zu werden. Oft kommt es zu Spannungen mit der Bevölkerung.

AUFGABEN

1 Fasse zusammen, wie aus Kolonien selbstständige Staaten wurden. A 1 hp

2 Erläutere mithilfe von B, 2 und 3, welche Folgen die Entkolonialisierung für die Menschen der ehemaligen Kolonien und Kolonialmächte hatte. hp

3 Interpretiere 1 nach der Methode „Geschichtskarten lesen“ auf Seite 129. h

4 Erstelle ein Informationsblatt zur Geschichte einer früheren Kolonie seit ihrer Unabhängigkeit. (Fachbücher, Lexika, Internet) hp

5 Analysiere diese Doppelseite und vergleiche mit einer weiteren Darstellung dieses Themas. Beurteile, in welchen Bereichen deines Lebens dir diese Informationen hilfreich sein können. hp

Friedlich oder gewaltsam …

… in die Unabhängigkeit?

A Gewaltloser Widerstand

Der Weg der Kolonien in die Selbstständigkeit war sehr unterschiedlich. Das bekannteste Beispiel für gewaltlosen Widerstand war Indien unter der Führung von Mahatma Gandhi. Gandhi verzichtete bewusst auf den Einsatz von Gewalt, führte Verhandlungen und organisierte friedliche Demonstrationen. Großbritannien verlor weltweit massiv an Ansehen, weil mit Waffengewalt gegen diese Demonstrationen vorgegangen wurde. Dem öffentlichen Druck, Indien in die Unabhängigkeit zu entlassen, gab Großbritannien 1947 schließlich nach. Dabei entstanden die Staaten Indien und Pakistan, das vorerst aus Westpakistan und Ostpakistan bestand. Ostpakistan erkämpfte sich später die Selbstständigkeit und heißt seither Bangladesch. Auch Malaysia, Ceylon (heute: Sri Lanka) und Burma (heute: Myanmar) wurden von Großbritannien kampflos in die Unabhängigkeit entlassen.

B Bewaffnete Unabhängigkeitskriege

Anders gestaltete sich die Lage in den französischen Kolonien in Asien. Während Frankreich Laos und Kambodscha 1953 in die Unabhängigkeit entließ, beharrte es auf seinem Anspruch auf Vietnam. Vor allem in Afrika erkämpften sich viele ehemalige Kolonialstaaten die Unabhängigkeit durch Kriege. Kongo wurde von Belgien, Algerien von Frankreich und Angola von Portugal unabhängig. Häufig konnten sich nach Abzug der Kolonialmächte verschiedene Bevölkerungsgruppen nicht einigen, wer künftig regieren sollte. Es kam zu Bürgerkriegen. Truppen der UNO hatten in den Friedenseinsätzen den Auftrag, beispielsweise in Angola oder Namibia, Konflikte zu verhindern und die politische Lage zu stabilisieren. Auch heute sind UNO-Friedenstruppen in Krisengebieten im Einsatz.

1

Der indonesische Unabhängigkeitskrieg *(Foto, niederländische Soldaten in einer Wagenkolonne, Java 1947)*

Indonesien war bis 1945 von Japan besetzt. Nach der Unabhängigkeitserklärung 1945 kam aber die ehemalige Kolonialmacht Niederlande zurück.

In einem Krieg unterlagen die indonesischen Truppen trotz ihrer zahlenmäßigen Überlegenheit schnell den niederländischen, weil diese besser ausgebildet und moderner ausgerüstet waren. Die Weltöffentlichkeit stellte sich auf die indonesische Seite. Auf Druck der USA und der UNO mussten die Niederländer Indonesien 1949 endgültig verlassen. Bis heute gibt es große Unterschiede zwischen vielen extrem armen und einigen reichen Gebieten.

2

Mau-Mau-Aufstand in Kenia, 1950–1957 *(Verdächtige im Gefängnis, Foto, 1957)*

Wirtschaftlich benachteiligte und politisch völlig rechtlose Kenianer forderten eine gerechtere Aufteilung des fruchtbaren Landes von den Briten. Verhaftungen und Deportationen führten schließlich zum bewaffneten Aufstand. Die Zahl der Todesopfer wird unterschiedlich angegeben. Auf jeden Fall stehen den ungefähr 10 000 toten Afrikanerinnen und Afrikanern weniger als 100 tote Europäerinnen und Europäer gegenüber. Kenia wurde 1963 unabhängig.

3

Gandhis Salzmarsch, 1930
(Aus „La Domenica del Corriere", Cover, 30. März 1930)

Beim Salzmarsch zog Gandhi mit 78 seiner Anhänger 385 Kilometer weit ans Meer und hob einige Salzkörner auf. Er protestierte damit symbolisch gegen das Verbot für Inderinnen und Inder, Salz zu gewinnen und es zu verkaufen. Gandhi rief dazu auf, das Bezahlen der Salzsteuer zu verweigern. Er begann auch, am Spinnrad seine eigene Kleidung herzustellen, wie es früher in Indien üblich war. Er weigerte sich, teure Textilien aus Großbritannen zu kaufen. Viele machten es ihm nach. Bei friedlichen Demonstrationen wurde auch gewaltfrei Widerstand geleistet.

4

Gewaltloser und bewaffneter Widerstand in Südafrika gegen die Apartheid* *(Foto, Hector-Pieterson-Denkmal in Soweto)*

Das Denkmal erinnert an den Schüleraufstand von Soweto 1976, bei dem mindestens 500 von etwa 15 000 friedlichen Demonstranten getötet wurden. Von 1910 bis 1931 war Südafrika ein Teil des britischen Reiches. Die Apartheidgesetze ermöglichten der finanziell starken, weißen Minderheit die Unterdrückung der farbigen Bevölkerungsmehrheit. Friedliche Demonstrationen und bewaffnete Aufstände wurden jahrzehntelang blutig niedergeschlagen. Nelson Mandela, ein führender Anti-Apartheid-Kämpfer, wurde verhaftet. Vom Ausland gab es sowohl Unterstützung für die Apartheid als auch Kritik. Erst in den 1990er Jahren wurden diese Gesetze abgeschafft.*

Lexikon

Apartheid/Apartheidgesetze
apart = getrennt, einzeln; regelten die Ausgrenzung der farbigen Bevölkerung Südafrikas; getrennte Wohngebiete, getrennte Schulsysteme und das ausschließliche Wahlrecht für Weiße waren Beispiele.

AUFGABEN

1 Schildere, in welcher Form gewaltloser Widerstand von den Bevölkerungen Indiens und Südafrikas geleistet wurde. A 3-4 hp

2 Erkläre, welche wirtschaftlichen Auswirkungen es für Großbritannien hatte, dass die indische Bevölkerung ihre eigene Kleidung herstellte. 3 hp

3 Interpretiere 3 nach der Methode „Bilder lesen" auf Seite 128. Achte dabei besonders auf die Kleidung von Mahatma Gandhi. Das ist der Mann in der Mitte des Bildes. hp

4 Bewerte die unterschiedlichen Wege in die Unabhängigkeit in Indonesien, in Kenia, in Indien und in Südafrika. A-B 1-4 hp

→ AH S. 28

Globalisierung

Gut oder schlecht?

A Was bedeutet Globalisierung?

Wir tragen Kleidung, die in asiatischen Staaten hergestellt wird. Wir kaufen Lebensmittel von anderen Kontinenten. Wir sind es gewohnt, ständig Informationen von überall zur Verfügung zu haben. Wir kommunizieren mit Menschen, die weit entfernt sind. Das alles wurde durch den technischen Fortschritt möglich gemacht.
Viele Menschen nehmen an einer weltumspannenden, das heißt „globalen", Entwicklung teil. Sie betrifft alle Bereiche des Lebens: die Wirtschaft, die Politik, die Kultur, die Kunst, die Wissenschaft, die Umwelt und die Technik. Das nennt man Globalisierung.

B Freude, Angst und Aggression

Der Begriff „Globalisierung" löst Gefühle aus. Für die einen Menschen bedeutet er Fortschritt. Jene, die über genug Geld verfügen, haben weltweiten Zugang zu Produkten und Dienstleistungen. Sie können unbegrenzt konsumieren und kommunizieren.
Bei anderen Menschen löst die Globalisierung Angst aus, besonders um den Arbeitsplatz. Sie fühlen sich der Politik und vor allem der Macht großer Wirtschaftsunternehmen ausgeliefert. Firmen, die weltweit tätig sind, nennt man so wie international einflussreiche Staaten „Global Players". Sie sind so mächtig, dass sie Regierungen ihre Bedingungen diktieren können, denn sie versprechen, Arbeitsplätze zu schaffen. Viele Unternehmen verlagern ihre Produktionen in jene Staaten, wo Arbeitsplätze billiger sind. Wo Firmen wegziehen, entsteht Arbeitslosigkeit. Die billigen Arbeitskräfte in Niedriglohnländern* müssen schlechte Bedingungen, wie lange Arbeitszeiten oder ungesunde Arbeitsbedingungen, akzeptieren. In teils gewaltsamen Demonstrationen protestieren Menschen weltweit gegen diese „Global Players".

1

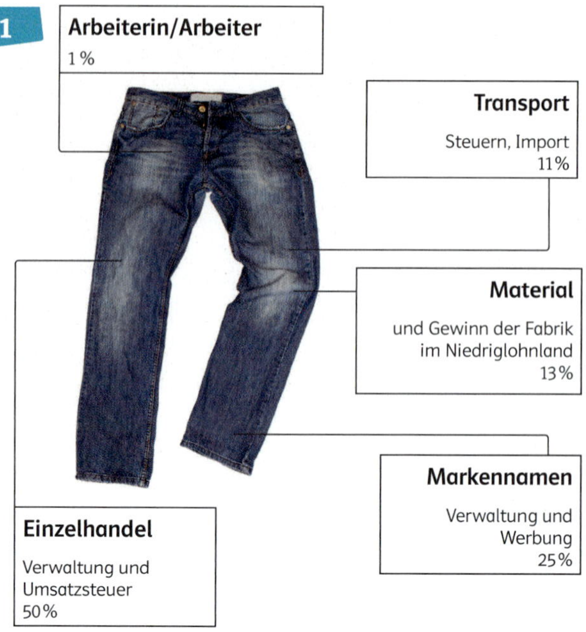

Wer verdient an deiner Jeans? *(Musterbeispiel)*

Wenn eine Jeans 50 Euro kostet, gehen …

€	an die Jeansfabrik: Material, Miete, Maschinen und Gewinn.
€	als Lohn an die Arbeiterinnen und Arbeiter.
€	zur Transportfirma und ans Finanzamt.
€	zur Markenfirma für Entwicklung, Verwaltung, Werbung und Gewinn.
€	in den Einzelhandel für Miete, Personal, Verwaltung und Gewinn.

2

Callcenter – Arbeit für Konzerne in Europa
(Foto, 2016, Goa/Indien)

Nicht nur die Produktion von Waren wird in Staaten mit niedrigen Löhnen ausgelagert. Auch Dienstleistungen, wie Lohnabrechnungen oder das Erstellen von Computerprogrammen, werden in asiatischen Betrieben billig erledigt. Callcenter (= Telefonzentralen) erledigen Kundenanfragen an Firmen, die tausende Kilometer entfernt sind.

3

Klimawandel und Katastrophenhilfe
(Pressefoto, Nyein Chan Naing, Myanmar 2015: Die australische Luftwaffe entlädt Hilfsgüter für Flutopfer)

Die Globalisierung gilt als Auslöser des Klimawandels. Durch den weltweiten Transport von Waren und Personen gelangen riesige Mengen an Kohlendioxyd in die Atmosphäre. Die Folge ist die Erwärmung der Erde. Dadurch kommt es weltweit öfter zu Katastrophen infolge von Dürren, Überflutungen oder Stürmen. Durch die Globalisierung ist aber auch rasche internationale Hilfe möglich.

4

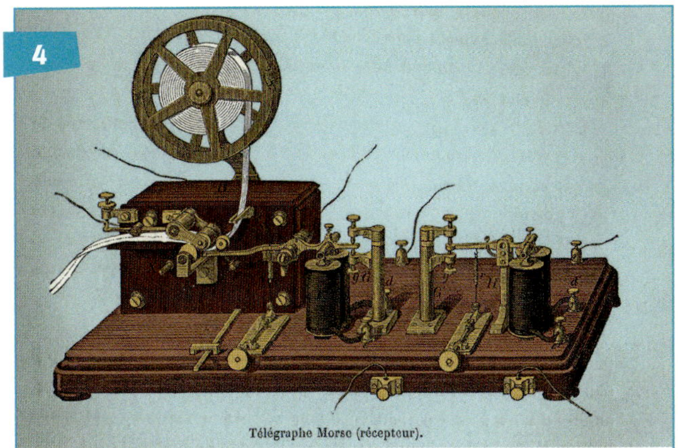

„Vernetzte" Welt vor mehr als 100 Jahren *(Zeichnung eines Telegraphen, Künstler unbekannt, 19. Jahrhundert)*

Seit Jahrhunderten gibt es Welthandel und globale Kulturkontakte. Seit dem 19. Jahrhundert ermöglichten Telegrafenkabel am Land und im Meer schnelle schriftliche Meldungen zwischen Kontinenten. Im 20. Jahrhundert folgten transatlantische Telefonleitungen.

Lexikon

Niedriglohnland/Niedriglohnländer
sind viele arme Staaten, beispielsweise in Südostasien; Menschen arbeiten dort unter schlechten Arbeitsbedingungen für wenig Lohn. Es gibt kaum Sozialleistungen oder Bestimmungen für den Umweltschutz.

5

Fair handeln/fairer Handel *(Pressefoto, Fotograf Jochen Rick, 2010)*

In den Supermärkten kann man Waren aus der ganzen Welt kaufen. Jede Kundin und jeder Kunde kann die heimische Wirtschaft unterstützen, indem man beim Kauf auf Produkte aus dem eigenen Land achtet. Wir wissen oft auch nicht, unter welchen Bedingungen die Produkte in fernen Ländern hergestellt werden. Produkte mit dem abgebildeten Logo kann man auch bei uns kaufen. Sie garantieren den Herstellern einen gerechten Preis für ihre Waren. Außerdem werden die Arbeitsbedingungen und die Einhaltung von Umweltstandards kontrolliert. Es handelt sich meist um landwirtschaftliche Produkte oder traditionelles Handwerk.

AUFGABEN

1 Beschreibe, was Globalisierung ist. A 1–4 hp

2 Nenne Gewinner und Verlierer der Globalisierung. Diskutiert anschließend zu zweit über eure Meinungen. B hp

3 Fülle die Tabelle 1 aus. Untersuche, welche Möglichkeiten du hast, beim Einkaufen auf faire Produkte zu achten. p

4 Globalisierung – gut oder schlecht? Analysiere, welche Antworten der Autor dieser Doppelseite auf die Frage gibt. Wie wird argumentiert? Verwende dazu die Texte A und B sowie die Materialien 3 und 5. Nimm dazu Stellung und begründe deine eigene Antwort auf die Frage. p

5 Die Globalisierung ist ein Prozess. Untersuche, in welchen Kapiteln dieses Schulbuches (auch) globale Themen behandelt werden. Erörtere, woran zu erkennen ist, dass das Schulbuch für eine Schule in Europa verfasst wurde. hp

China und Indien ...

... zwei neue „Global Players“

A China – keine Demokratie

Ähnlich wie in der Sowjetunion wurde in China unter dem Parteiführer Mao Zedong (1943–1976) eine kommunistische Diktatur errichtet. Der Aufbau einer Industrie funktionierte nicht. Auch die Landwirtschaft wurde vernachlässigt. Deswegen verhungerten Millionen Menschen. Mao versuchte daraufhin, durch die sogenannte „Kulturrevolution“ einerseits die Versorgung der Bevölkerung sicher zu stellen. Andererseits wurden auch viele Gegnerinnen und Gegner des Kommunismus verfolgt und umgebracht. Bis heute sind die Menschenrechte eingeschränkt.

B Chinas Weg zur Weltmacht

Maos Nachfolger führten die Marktwirtschaft schrittweise ein. Ausländische Unternehmen investierten in China. Sie nutzten die billigen Arbeitskräfte und die weniger strengen Gesetze zum Schutz der Umwelt. Immer mehr Industriezentren und Millionenstädte entstanden. Der Lebensstandard vieler Menschen stieg und so entstand ein riesiger Absatzmarkt für die Produkte der eigenen Industrie. Gleichzeitig konnten sich viele Menschen auch Produkte aus dem Ausland leisten. Viele Menschen auf dem Land leben aber in großer Armut.

C Indien – eine Demokratie

Die ehemalige britische Kolonie ist heute mit weit mehr als einer Milliarde Einwohnerinnen und Einwohnern die größte Demokratie der Welt. Es ist ein Staat mit vielen armen und wenigen sehr reichen Menschen. Indische Fachkräfte in der Computerindustrie sind weltweit sehr gefragt. Wegen der geringen Lohnkosten nützen Firmen aus den USA und Europa die Dienstleistungen indischer Mitarbeiterinnen und Mitarbeiter, zum Beispiel in Callcentern. Die Textil- und Stahlindustrie zählen zu den größten der Welt.

1

China – führende Industrienation *(Pressefoto, Fotograf Han Jingyu, 2015)*

In China herrscht die kommunistische Partei nach wie vor diktatorisch. Politische Gegner werden verfolgt. Wirtschaftlich hat sich China zu einer großen Industrienation entwickelt. Dabei werden die Menschen jedoch oft ausgebeutet und die Umwelt verschmutzt. Besonders in den Städten leiden die Menschen oft an Atemwegserkrankungen. Die chinesische Regierung ist allerdings seit einigen Jahren bemüht, die Umweltsituation zu verbessern.

2

Indien – Tradition und Moderne *(indische Bauern vor einem Windpark, Foto, 2004)*

Die wachsende Industrialisierung Indiens benötigt große Mengen an Energie. Doch nicht überall wird diese umweltfreundlich hergestellt. Das Wirtschaftswachstum kennt Gewinner und Verlierer. Während in Indien neue Schichten sich ein Leben in Wohlstand oder sogar Luxus leisten können, lebt nach wie vor ein Teil der Bevölkerung in großer Armut. Die Analphabetenrate auf dem Land ist immer noch hoch, doch werden große Anstrengungen zur Verbesserung der Situation unternommen. Die vorherrschende Religion Indiens, der Hinduismus, teilt die Gesellschaft in Kasten, in soziale Gruppen, ein. Für jede Kaste sind nur bestimmte Berufe erlaubt. Obwohl dieses System offiziell abgeschafft ist, zählt es immer noch zur indischen Tradition.

3

Chinesischer Schaffner verteilt Süßigkeiten im Zug von Addis Addeba nach Dschibuti *(Pressefoto, Fotograf Sun Ruibo, 2016)*

Die über 700 km lange elektrifizierte Strecke wurde mithilfe chinesischer Investoren erbaut. Sie gilt als die modernste Zugverbindung Afrikas. Regierungen afrikanischer Staaten laden oft gerne chinesische Firmen ein, um die jeweiligen Infrastrukturen zu verbessern. Chinesische Banken sind auch Kreditgeber für wirtschaftliche Projekte, und oft unterstützen sie auch soziale Projekte, wie Schulbauten. Allerdings wird chinesischen Investoren auch vorgeworfen, diese Staaten auszubeuten. Internationale Menschenrechts-organisationen werfen chinesischen Firmen vor, „Landgrabbing" zu betreiben. Dabei werden große Flächen gekauft, die zum Anbau von Nahrungsmitteln für das eigene Land verwendet werden. Die ehemaligen kleinen Besitzer dieser Flächen wurden oft betrogen oder sogar bedroht und mussten ihre Höfe verlassen.

5

Bollywood-Filmproduktion *(Foto, Fotograf Bernd Jonkmanns, 2006, Kufstein, Tirol)*

Als „Bollywood" wird die indische Filmindustrie bezeichnet, die weltweit die meisten Filme herstellt. Immer öfter werden Teile dieser Filme auch in Österreich gedreht. Die österreichische Tourismuswirtschaft versucht, über diesen Weg indische Touristen nach Österreich zu holen. Immer mehr Menschen aus Asien können sich den Urlaub in Europa leisten.

4

Bevölkerung 2014/2030	Staat	Ballungsraum	Bevölkerung in Millionen			
			1970	1990	2014	2030
1/1	Japan	Tokio	23,298	32,530	37,833	37,190
2/2	Indien	Delhi	3,531	9,726	24,953	36,060
3/3	China	Shanghai	6,036	7,823	22,991	30,751
4/6	Indien	Mumbai	5,811	12,436	20,741	27,797
5/8	China	Peking	4,426	6,788	19,520	27,706
6/11	Bangladesch	Dhaka	1,374	6,621	16,982	27,374
7/12	Pakistan	Karachi	3,119	7,147	16,126	24,838

Urbanisierung – wachsende Ballungsräume *(Quelle: Urbanisation Prospects, 2015)*

1960 lebten über 82 % der Bevölkerung Indiens auf dem Land, 2015 nur noch 67 %. Immer mehr Städte werden immer größer. Das nennt man Urbanisierung. Auf dem Land fehlt es oft an sauberem Trinkwasser, Strom, ärztlicher Versorgung und guter Ausbildung. Deshalb fliehen die Menschen in die Städte. Dort arbeiten sie als Tagelöhner oder sind ohne Arbeit. Sie können sich oft keine Wohnung leisten. In den Slums am Rande der Städte ist das Leben ähnlich schwierig wie am Land: Eine Studie der Vereinten Nationen kam 2015 zu dem Schluss, dass die Urbanisierung bis 2030 weltweit stark steigen wird. Riesige Ballungsräume werden weiter-wachsen. 1970 lebten 55 Millionen Menschen in Großstädten mit über 10 Millionen Einwohnerinnen und Einwohnern, 2014 waren es 453 Millionen und 2030 könnten es schon 730 Millionen sein.

AUFGABEN

1 Fasse die politische Entwicklung Chinas im 20. und 21. Jahrhundert in eigenen Worten zusammen. A-B 1 hp

2 Beschreibe die wirtschaftliche Entwicklung Chinas im 20. und 21. Jahrhundert. Zähle auch die Nachteile dieser Entwicklungen auf. Nenne Gründe, warum man China als „Global Player" bezeichnen kann. B 1, 3-4 hp

3 Vergleiche China mit Indien als „Global Players". Arbeite Ähnlichkeiten und Unterschiede der Entwicklungen heraus. Beachte dabei die politische und wirtschaftliche Situation sowie das Leben der Menschen. A-C 1-5 p

4 Gestalte mithilfe der Daten in 4 ein Diagramm, das die Entwicklung der größten Ballungsräume veranschaulicht. p

5 Stelle dir vor, du hast zwei gleich gute Jobangebote, eines in China und eines in Indien. Für welchen Staat würdest du dich entscheiden? Bewerte, ob die Informationen dieser Doppelseite für deine Entscheidung hilfreich sind. Gib an, ob welche fehlen. Finde auf offene Fragen eigene Antworten. Begründe schließlich deine Entscheidung. p

Terror – globale Bedrohung ...

... in verschiedenen Formen

A Terrorismus weltweit

Seit dem vergangenen Jahrhundert geht eine große Bedrohung der weltweiten Sicherheit von Anschlägen internationaler Terroristinnen und Terroristen aus. Sie planen ihre Aktionen weltweit in Gruppen oder alleine. Terrorgruppen werden oft in geheimen Lagern ausgebildet, halten über verschiedene Netzwerke Verbindung und schlagen überraschend zu.
Es geschieht aber auch oft, dass junge Menschen in Internetforen, in Gefängnissen oder von fanatischen Anführern radikalisiert werden.

B Von wem geht Terror aus?

Terroristinnen und Terroristen kämpfen aus einer radikalen persönlichen Überzeugung. Sie verüben ihre Anschläge aus politischen oder religiösen Motiven.
Von der Sinnhaftigkeit ihrer Taten überzeugt, sind diese Menschen sogar bereit, ihr eigenes Leben zu opfern. Diese Selbstmordattentäterinnen und -attentäter werden nach ihrem Tod von ihren Anhängerinnen und Anhängern oft als Heldinnen oder Helden verehrt.

C Was soll durch Terror erreicht werden?

Terroranschläge sollen eine Atmosphäre von Angst und Unsicherheit schaffen. Es soll das Gefühl entstehen, dass es jeden Menschen treffen kann. Ziele sind zum Beispiel öffentliche oder bekannte Plätze oder große Veranstaltungen, die von vielen Menschen besucht werden.
Durch die hohe Opferzahl wird mithilfe der Medien eine breite Öffentlichkeit erreicht.
Die Politik soll in weiterer Folge im Sinne des Terrorismus entscheiden.

1

Religiöser Terrorismus, World Trade Center
(Fotos, New York/USA, 11. September 2001)

Einige arabische Staaten empfinden die wirtschaftliche Übermacht der westlichen Staaten als Demütigung. Am 11. September 2001 brachten arabische Terroristen Flugzeuge in ihre Gewalt und steuerten sie in die beiden Türme des World Trade Centers. Beide Hochhäuser stürzten in der Folge ein. Die Terroristen hatten damit zwei Symbole des Kapitalismus in den USA zerstört. Mehr als 3 000 Menschen starben – mehr als je zuvor bei einem Anschlag in Friedenszeiten. Die Behörden veranlassten ein mehrtägiges Flugverbot über dem gesamten Bundesgebiet der USA. Der wirtschaftliche Schaden war enorm. Die USA begannen daraufhin einen weltweiten Krieg gegen den Terror.

2

Terror im Machtzentrum der EU 2016 *(Ein junges Mädchen entzündet am 2.4.2016 eine Kerze für die Opfer der Attentate im Zentrum von Brüssel, Pressefoto)*

Am 22. März 2016 sprengten sich am Brüsseler Flughafen und in der Brüsseler U-Bahn Mitglieder der Terrororganisation „Islamischer Staat (IS)“ in die Luft. 35 Menschen wurden dabei getötet und mehr als 300 Menschen verletzt. Der Anschlag war gegen die EU gerichtet, da Brüssel der Sitz der Europäischen Kommission ist. Der „Islamische Staat“ vertritt eine radikale islamische Ideologie. Er führt einen brutalen Krieg gegen Andersgläubige und Andersdenkende. Terroristen verwenden weltweit das Internet und soziale Netzwerke, um ihre Botschaften zu verbreiten. Dadurch wollen sie erreichen, dass Jugendliche mit ihren Zielen vertraut und so auch radikalisiert werden. Damit haben sie oft bei jungen Menschen in schwierigen Lebenssituationen Erfolg.*

3

Freiheit oder Sicherheit *(Foto, 2008)*

Wenn Hacker sich in verbotener Weise in Netzwerke „einschleichen“, könnten sie durch Schadprogramme zum Beispiel die Stromversorgung einer Region lahmlegen. So kann das Internet zur Online-Waffe werden. Manche Staaten bilden deshalb nun Fachleute für Internetsicherheit und Cyber-War (Abwehr) aus.*

Für demokratische Gesellschaften besteht aber ein Konflikt, wie weit diese Abwehr gehen kann oder soll. Viele Menschen befürchten, dass die Überwachung des Internets durch den Staat zu Einschränkungen der persönlichen Freiheit des Einzelnen führen kann. Gerade dadurch hätten die Terroristen ihre Ziele erreicht.

Lexikon

Cyber-War
bedeutet „Krieg im Internet“.

„Islamischer Staat“ (IS)
Diese Terrororganisation verfügt über zehntausende Anhängerinnen und Anhänger, die Attentate verüben. Ziel ist die Errichtung eines islamischen Staates.

AUFGABEN

1. Fasse zusammen, warum man international tätige Terroristinnen und Terroristen nur schwer bekämpfen kann. Nenne mögliche Motive von Terroristinnen und Terroristen für ihre Anschläge. A–C 1–3 h
2. Ermittle aus B, wie die Taten von Terroristinnen und Terroristen von ihren Anhängerinnen und Anhängern beurteilt werden. p
3. Finde heraus, wie Terrorgruppen heute das Internet verwenden. 3 h
4. Analysiere den Begriff „Krieg gegen Terror“. Gegen wen richtet er sich? Worin siehst du den Unterschied zwischen einem Krieg zwischen Staaten und einem Krieg gegen den Terror? Wer wird wie und von wem wo bekämpft? 1 hp
5. Führt eine „Pro-und-Kontra-Diskussion“ nach der Methode auf Seite 130 zum Thema „Sicherheit“. Sammelt Argumente, die für und gegen eine möglichst lückenlose Überwachung von öffentlichen Plätzen sprechen oder die Überwachung des Internets durch Organe eines Staates. Findet heraus, warum die Einschränkung der persönlichen Freiheit des Einzelnen in demokratisch regierten Staaten ein Ziel des internationalen Terrors ist. hp

Transkulturelle Phänomene

Wir lernen, politische Lieder zu analysieren.

A Die Welt ändert sich

Die Globalisierung bringt es mit sich, dass sich die Welt schnell verändert. Menschen aus allen Teilen der Erde haben sich in den vergangenen Jahrzehnten in Österreich niedergelassen und Arbeit, Wohnung und Schutz gefunden. In österreichischen Schulklassen lernen Schülerinnen und Schüler aus den unterschiedlichsten Kulturkreisen. Transkulturell bedeutet, dass sich Personen aus unterschiedlichen Kulturen treffen und austauschen. So kann es zu einer Verwischung der Grenzen zwischen den Kulturen kommen. Es entstehen Gespräche und Diskussionen, Erfahrungen können ausgetauscht werden. Durch moderne Kommunikationsmittel wie das Internet kann man heute ebenfalls vieles über andere Kulturen lernen. Junge Menschen auf der ganzen Welt verwenden selbstverständlich soziale Netzwerke, um in Kontakt zu treten. Es geht darum, Gemeinsamkeiten zu finden. Für viele junge Menschen ist zum Beispiel die Musik eine solche Gemeinsamkeit.

B Auch Sprache verändert sich

Auch die Sprache ändert sich mit der Zeit.
Viele Wörter sind aus dem Englischen, aber auch aus anderen Sprachen, in unsere Sprache gekommen. Sie kommen aber mittlerweile ganz normal im Alltag und in der Werbung vor:
Manche Wörter werden aus Deutsch und Englisch zusammengesetzt.
Folgende Wörter werden zum Beispiel verwendet:

- stylen
- chillen
- Beamer
- Streetwalker
- chatten
- cool
- Comedy
- City
- bloggen
- Fotoshooting
- downgeloadet
- shoppen
- streamen

1

„Ich habe einen grünen Pass mit 'nem goldenen Adler drauf
Dies bedingt, dass ich mir oft die Haare rauf
Jetzt mal ohne Spaß: Ärger hab' ich zuhauf
Obwohl ich langsam Auto fahre und niemals sauf
(All das Gerede von europäischem Zusammenschluss)
Fahr' ich zur Grenze mit dem Zug oder einem Bus
Frag' ich mich, warum ich der Einzige bin, der sich ausweisen muss
Identität beweisen muss!
(Ist es so ungewöhnlich, wenn ein Afro-Deutscher seine Sprache spricht)
Und nicht so blass ist im Gesicht? […]
(Ein echter Deutscher muss auch richtig deutsch aussehen)
Blaue Augen, blondes Haar, keine Gefahr
Gab's da nicht 'ne Zeit wo's schon mal so war?"
„Gehst du mal später zurück in deine Heimat?"
Wohin? nach Heidelberg? Wo ich ein Heim hab?
„Nein du weißt, was ich mein …"
Komm lass es sein, ich kenn diese Fragen, seitdem ich klein
Bin, in diesem Land vor zwei Jahrzehnten gebor'n
Doch frag' ich mich manchmal: Was hab ich hier verlor'n? […]"

Quelle: Advanced Chemistry (AC): Fremd im eigenen Land
(Lyrics, Part I, 1992)

Junge Menschen hören weltweit Musik. Sie drücken heute wie damals oft ihre politischen Anschauungen auf diese Art aus. Die Gruppe Advanced Chemistry aus Heidelberg schaffte mit diesem Lied 1992 einen großen Erfolg. Der sehr politisch-kritische Text ist auch heute noch gültig und drückt die Gefühle vieler Jugendlicher aus.

2

METHODE: Politisches Lied analysieren

Politische Lieder gibt es seit der Französischen Revolution. Sie vermitteln den Sängerinnen und Sängern oder dem Publikum oft ein Gefühl der Zusammengehörigkeit. Sie können aber auch zur Kritik an gesellschaftlichen Zuständen dienen. Ebenso können sie zu Gewalt oder Rassenhass aufrufen.

Kompetenz aufbauen

1. Überblick

- Wie heißt das Lied und wer singt es?
- Wer hat den Text, wer die Musik geschrieben?
- Wann ist das Lied entstanden?
- Was ist der Inhalt des Liedes?

2. Analyse

- Was sagt der Titel des Liedes aus?
- Um welche Ereignisse geht es?
- Welches Problem wird im Lied angesprochen?

3. Interpretation

- Wie klingt der Text für dich? Ist er irgendwie anklagend, aufrührerisch, spöttisch, aufmunternd, …?
- Was hat die Autorin oder der Autor des Liedtextes damit beabsichtigt?
- In welchem historischen und gesellschaftlichen Zusammenhang ist das Lied entstanden?

2

Das Fest des Huhnes *(Filmsatire, Foto des Covers, 1992, Regie Walter Wippersberger)*

Ein Kamerateam aus Afrika dreht einen Dokumentarfilm über die „Ureinwohnerinnen und Ureinwohner" Oberösterreichs. Sie stoßen dabei auf Kulturphänomene wie Gartenzwerge oder Bierzelte. Es kommt dabei zu einem kritischen Blick von außen auf die oberösterreichischen Traditionen. In dieser Satire werden bestimmte Zustände mit Humor und Spott kritisiert.

AUFGABEN

1 Fasse zusammen, was Globalisierung für die unterschiedlichen Kulturen bedeuten kann. A–B hp

2 Analysiere, welche Probleme du hättest, wenn du gar kein Englisch verstehen und sprechen könntest. p

3 Suche das Lied in 1 und höre es genau an. Interpretiere es dann nach der Methode „Politisches Lied analysieren". (Internet) p

4 Interpretiere 2 nach der Methode „Filmausschnitte analysieren" auf Seite 128. Verwende dazu die ersten zwei Szenen des Filmes „Das Fest des Huhnes" und erkläre:
- Welche Art von Film wird satirisch dargestellt?
- Welche Bezeichnungen findest du für das Land und deren Bewohner?
- Was fehlt den Europäerinnen und Europäern nach Meinung des Filmteams?
- Wie beeinflussen die Berge das Denken?
- Wie stellt der Regisseur die Oberösterreicherinnen und Oberösterreicher satirisch dar?

hp

→ AH S. 32

Die EU

Ein neues Europa soll entstehen.

A Die Hoffnung: Kein Krieg mehr auf europäischem Boden

Die beiden Weltkriege hatten Leid und Zerstörung über Europa gebracht. Nach 1945 war Europa durch den Kalten Krieg geteilt. Einige Politiker im Westen waren der Meinung, dass die europäischen Völker eine gemeinsame Politik beginnen sollten.

B Die Idee: Friede, gemeinsame Wirtschaft, gemeinsame Politik

Belgien, die BRD, Frankreich, Italien, Luxemburg und die Niederlande schlossen 1951 ein Abkommen zur Nutzung von Kohle und Stahl. Da aus diesen Materialien Waffen hergestellt werden, sollten sie gemeinsam kontrolliert werden: zum Erhalt des Friedens.
Die Europäische Wirtschaftsgemeinschaft (EWG) wurde 1957 in Rom gegründet. Der dadurch geschaffene gemeinsame zollfreie Markt stärkte die Wirtschaftskraft der Mitgliedstaaten. In dieser Gemeinschaft von Gleichgesinnten regelten Verträge die Rechte und Pflichten der Mitglieder. Diese waren in den geschaffenen Einrichtungen gleichberechtigt.

C Die Ausführung: Die EU entsteht

1992 wurde der Vertrag von Maastricht (in den Niederlanden) unterzeichnet. Die Gemeinschaft nannte sich ab nun „Europäische Union".
Neue Ziele wurden vereinbart:
Die EU-Bürgerschaft* wurde beschlossen und eine gemeinsame Währung, der Euro, entstand.
Ähnlich wie ein Staat sollte die EU auch politische Aufgaben übernehmen, wie zum Beispiel eine gemeinsame Außenpolitik. Das Europarecht hat Vorrang vor den Gesetzen der einzelnen Staaten. Es muss umgesetzt werden. In mehreren Beitrittswellen wuchs die Mitgliederzahl der EU immer weiter an.

1

Der Europäische Rat
- besteht aus den Regierungschefinnen und Regierungschefs.
- bestimmt die Politik.
- fasst gemeinsam Beschlüsse.

Der Ministerrat der Europäischen Union
- besteht aus den Ministerinnen und den Ministern der Staaten.
- diskutiert Gesetzesvorschläge.
- schließt Verträge mit anderen Staaten.

Fahnen vor dem Hauptgebäude des Europäischen Rats in Brüssel/Belgien *(Foto, 2009)*

2

Die Europäische Kommission
- hat eine Kommissarin/einen Kommissar pro Staat.
- schlägt Gesetze vor.
- setzt Beschlüsse (Gesetze) durch.

EU-Flagge

Die Zahl Zwölf gilt als ein Symbol der Vollkommenheit. Der Kreis der zwölf goldenen Sterne steht für den Zusammenhalt und die Harmonie zwischen den europäischen Völkern.

3

Das Europäische Parlament
- wird alle 5 Jahre gewählt.
- hat 751 Abgeordnete (18 aus Österreich-Jänner 2017).
- diskutiert Gesetzesvorschläge.
- kontrolliert die Europäische Kommission.
- beschließt Gesetze.

Der Europäische Gerichtshof
- kontrolliert die Einhaltung der EU- Gesetze.

Der Rechnungshof
- kontrolliert die Ausgaben.

Wer beschließt Gesetze und kontrolliert? *(Plenarsaal des Europäischen Parlaments in Brüssel/Belgien, Pressefoto, 2009)*

Dieser Sitzungssaal ist für das Plenum, das heißt für die Vollversammlung der EU-Abgeordneten, bestimmt. Daneben wird auch in kleineren Gruppen, den Ausschüssen, in anderen Sälen gearbeitet.

4

Was wird an der EU kritisiert? *(Brexit-Unterstützer, Pressefoto, Fotograf Ben Stansall, 2016)*

2016 stimmte knapp die Mehrheit der Bürgerinnen und Bürger Großbritanniens für den Ausstieg aus der EU, den Brexit. Sie waren der Meinung, dass zu viele Entscheidungen in Brüssel anstatt von ihrer eigenen Regierung getroffen wurden. Dazu kam auch noch die Befürchtung, dass sich zu viele Menschen aus anderen Staaten in Großbritannien niederlassen.

Viele kritisieren, dass sich die Politik der EU zu wenig um die Anliegen der Bürgerinnen und Bürger kümmert.

Lexikon

EU-Bürgerschaft
Angehörige der Mitgliedstaaten sind Staatsbürgerinnen und Staatsbürger ihres Staates und gleichzeitig Bürgerinnen und Bürger der EU.

AUFGABEN

1. Formuliere schriftlich, wie einige Politiker Westeuropas den Frieden in Europa sichern wollen. A-B — hp
2. Nenne drei Bestimmungen, die im Vertrag von Maastricht vereinbart wurden. C — h
3. Erkläre, auf welche Art und Weise jeder Mitgliedstaat die europäische Politik mitgestaltet. 1-3 — p
4. Beschreibe, welche Organe Kontrollfunktionen ausüben. Schreibe auf, was sie kontrollieren. 1-3 — p
5. Fasse zusammen, wer die Gesetze der EU diskutiert und beschließt. 3 — p
6. Bewerte selbstständig: Was bringt dir die EU? — p
7. Diese Doppelseite ist eine Geschichtsdarstellung. Arbeite heraus, welche Fragen darin behandelt werden. A-C 1-4 — p

Getrennt ...

... und manchmal wieder vereint.

A Deutschland

Die Politik Gorbatschows ermutigte die Bevölkerung der DDR, für mehr Freiheit zu demonstrieren. Ab Herbst 1989 kam es zu großen Versammlungen gegen die Regierung in großen Städten der DDR. Diese verliefen friedlich. Die Menschen forderten freie Wahlen, Meinungsfreiheit und Reisefreiheit. Die Regierung der DDR verlor die Unterstützung der Sowjetunion. Bürgerinnen und Bürger der DDR flüchteten in Botschaften der Bundesrepublik Deutschland in Budapest, in Prag und in Warschau. Nach langen Verhandlungen erlaubte die DDR-Regierung den Besetzerinnen und Besetzern die Ausreise in den Westen. Ungarn öffnete daraufhin im September 1989 die Grenzen nach Österreich. Tausende Bürgerinnen und Bürger der DDR gelangten auf diesem Weg in den Westen. Diese Ereignisse führten schließlich zum Fall der „Berliner Mauer". 1990 wurden die beiden deutschen Staaten wieder vereint.

B Korea

Im Zweiten Weltkrieg eroberte Japan die Halbinsel Korea. Nach der Kapitulation Japans wurde das Land geteilt. Nordkorea wurde zu einer Volksrepublik nach sowjetischem Vorbild, die auch von China unterstützt wurde. Der Süden erhielt Hilfe von den USA. Die Grenze der beiden Staaten war der 38. Breitengrad. 1950 begann ein Krieg zwischen Nordkorea und Südkorea. Dabei wurden drei Millionen Zivilistinnen und Zivilisten und fast eine Million Soldaten getötet. Nach drei Jahren Krieg blieb die Grenze, wie sie vorher gewesen war und gilt bis heute als die am besten bewachte der Welt. Sie trennte Familien, die sich oft ihr ganzes Leben lang nicht mehr wiedersahen. Zwischen den beiden Staaten kommt es immer wieder zu Spannungen. Die UNO und viele westliche Staaten werfen Nordkorea vor, eine Atombombe bauen zu wollen.

1

Probleme der Wiedervereinigung *(Foto, Fotograf Daniel Biskup, DDR, 1990)*

Nach der Zustimmung der Siegermächte des Zweiten Weltkriegs kam es zur Wiedervereinigung Deutschlands. Doch 40 Jahre Teilung hatten ihre Spuren hinterlassen. Die Annäherung zwischen Ost- und Westdeutschen war ein schwieriger Prozess. Viele Fabriken im Osten waren veraltet und wurden geschlossen. Zwei Millionen Menschen verloren ihre Arbeit. Die Verbesserungen der Betriebe, der Lebensbedingungen, des Verkehrs, der Verwaltung und der Umwelt kosteten Milliarden von Euro. Der Osten Deutschlands kämpft bis heute um den wirtschaftlichen Anschluss an den Westen.

2

Umstrittene Teilung Zyperns *(Foto, Nikosia, 2010)*

1960 wurde Zypern von Großbritannien unabhängig. Es kam zu bewaffneten Konflikten zwischen der griechischen und der türkischen Volksgruppe. Als griechische Militärs die Insel an Griechenland anschließen wollten, besetzten türkische Soldaten 1974 den Norden. UNO-Truppen bewachten die Trennungslinie zwischen dem türkischen und dem griechischen Teil der Insel. Im Nordteil wurde die türkische Republik Nordzypern ausgerufen. Dieser Staat wurde nur von der Türkei anerkannt. Schließlich wurde 2003 die Grenze geöffnet. Im folgenden Jahr wurde Zypern Mitglied der EU. Die Bewohnerinnen und Bewohner des türkischen Teils wollten eine Wiedervereinigung des Landes. Die Mehrheit der Griechinnen und Griechen entschied sich jedoch dagegen.

3

Der Fall der „Berliner Mauer" – einer der Höhepunkte der „Wende" *(Foto, „Berliner Mauer" am 9. November 1989, gegen Mitternacht)*

Am Abend des 9. November 1989 ließ die Regierung der DDR unter dem Druck der Demonstrantinnen und Demonstranten die Grenze nach Westberlin öffnen. Tausende Bürgerinnen und Bürger strömten zu den Übergangsstellen und überquerten die Grenze. Die Menschen aus Ost und West feierten in dieser Nacht den Fall der „Berliner Mauer". Die darauf folgenden politischen Veränderungen wurden später als „Wende" bezeichnet.

4

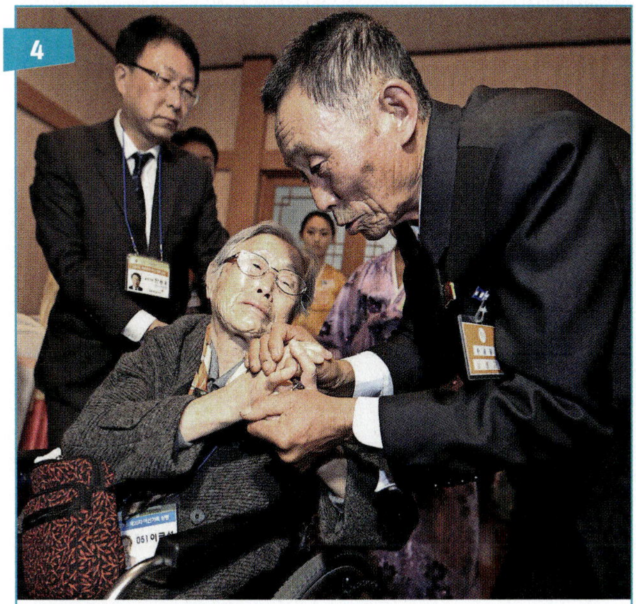

Familienzusammenführung zwischen Nord- und Südkorea *(Pressefoto, 2015, Nordkorea)*

Nach langen Verhandlungen konnten sich Nord- und Südkorea auf eine seltene Familienzusammenführung einigen. Der Nordkoreaner Han Son Il hält bei dieser Gelegenheit die Hand seiner Mutter Lee Kum, die in Südkorea wohnt. Ursprünglich waren diese Treffen ab 2000 jährlich geplant, zwischen 2010 und 2014 fanden aber keine mehr statt.

AUFGABEN

1 Fasse zusammen, wodurch die Menschen der DDR den Fall der „Berliner Mauer" erzwangen. A 3 — hp

2 Stelle fest, welche Probleme sich für das vereinigte Deutschland ergaben. 1 — h

3 Nenne die Folgen der bewaffneten Konflikte zwischen griechischen und türkischen Bevölkerungsteilen auf Zypern und beschreibe, welches Problem nach dem Beitritt zur EU im Jahr 2004 bestand. 2 — h

4 Formuliere einen Katalog an Fragen, die du Han Son Il als Reporter fragen könntest. 4 — h

5 Recherchiere, wo Soldaten im Auftrag der UNO in Friedenseinsätzen tätig sind und verfasse einen kurzen Bericht. Prüfe nach der Methode „Internet-Recherche" auf Seite 128. B 2 — hp

6 Diese Doppelseite ist eine Geschichtsdarstellung. Arbeite die Fragen heraus, die darin behandelt werden. Beurteile, in welchen Bereichen deines Lebens dir diese Informationen hilfreich sein können. — h

Osteuropa und Südosteuropa

Wir lernen, Zeitzeugen zu befragen.

A „Sanfte Revolutionen“

Nicht nur in der DDR, auch in den anderen Ostblockländern stieg der Druck der Bevölkerung auf die kommunistischen Regierungen. Die absolute Alleinherrschaft der kommunistischen Parteien wurde immer mehr infrage gestellt, es entstanden neue Parteien und freie Wahlen wurden gefordert. Gorbatschow signalisierte, dass sich die Sowjetunion bei politischen Veränderungen nicht so wie früher militärisch einmischen würde. Nach dem Fall der Berliner Mauer löste sich der kommunistische Ostblock langsam auf. In den meisten ehemaligen Ostblockstaaten wurden die kommunistischen Führer nach demokratischen Wahlen durch Vertreter der neu gegründeten Parteien ersetzt. Diese „Sanften Revolutionen“ verliefen weitgehend ohne Gewalt. Außer der Ukraine traten später alle diese Staaten der EU bei.

B Eine gewaltsame Revolution

In Rumänien regierte seit 1965 der kommunistische Diktator Nikolai Ceauşescu. 1989 demonstrierten tausende Bürgerinnen und Bürger Rumäniens gegen die Gewaltherrschaft und die schlechte Wirtschaftslage im Land.
Die Geheimpolizei und die Armee prügelten auf die Demonstrantinnen und Demonstranten ein und schossen auf die Menschen.
Die Demonstrationen weiteten sich trotzdem im ganzen Land aus. Der Diktator und seine Frau wurden schließlich gefangen genommen und hingerichtet. Danach kam es zu freien demokratischen Wahlen. Rumänien trat 2007 der EU bei.

1

Staaten mit „Sanften Revolutionen“ *(Geschichtskarte)*

Die Tschechoslowakei trennte sich 1993 friedlich in die Tschechische Republik und die Slowakische Republik.

2

Modernisierung der Wirtschaft in den Reformstaaten*
(Pressefoto, Fotograf Grzegorz Michalowski, Lodz/Polen, 2007)

Nach der Wende 1989 wurde nicht nur die Politik demokratisiert, sondern auch Wirtschaft und Gesellschaft in den ehemaligen Ostblockstaaten neu geordnet.
Viele kleine, neu gegründete Betriebe und auch moderne Fabriken westlicher Firmen brachten neue Arbeitsplätze. Wegen der niedrigen Löhne konnten sich aber nur wenige Menschen die Konsumgüter leisten, die nun zur Verfügung standen.

Lexikon

Reformstaaten
Staaten des ehemaligen Ostblocks: Statt der Einparteienstaaten wurden demokratische Staaten geschaffen. Die Planwirtschaft wurde langsam in eine Marktwirtschaft umgebaut.

METHODE: Zeitzeugen befragen

Zeitzeuginnen und Zeitzeugen erzählen, wie sie ein bestimmtes Ereignis erlebt haben und welche Gedanken/Gefühle sie dabei hatten. Solche Berichte können sehr unterschiedlich sein. Oft können Menschen sich nicht mehr genau erinnern oder sie übertreiben. Manches verschweigen sie. Viele waren als Zeitzeuginnen und Zeitzeugen bei Ereignissen nicht direkt dabei, sondern haben sie in den Medien mitverfolgt.

Kompetenz aufbauen

1. Vorbereitung
- Überlege, welche Personen du zu diesem Thema befragen könntest.
- Schreibe dir die Fragen für das Interview auf.

2. Befragung
- Stelle keine Fragen, die man nur mit „Ja" oder „Nein" beantworten kann.
- Sorge dafür, dass die Aussagen lückenlos aufgezeichnet werden. Am besten eignet sich eine Videokamera.

3. Kritische Auswertung
- Vergleiche die Informationen aus dem Interview/den Interviews mit den Angaben in Fachbüchern. Notiere Unterschiede.
- An welchen Stellen ist eine persönliche Meinung erkennbar?
- Wird jemand besonders gut oder schlecht dargestellt?

4

3

Nationalismus und Demokratiefeindlichkeit
(Foto, Fotograf Jakob Ratz, Polen, 11. November 2016)

Bei weitem nicht alle Menschen in den Ländern Osteuropas und Südosteuropas konnten die neuen Chancen nützen. Nationalistische Parteien profitieren von der steigenden Unzufriedenheit vieler Menschen. Sie sind demokratiefeindlich und meist sehr kritisch gegenüber der Europäischen Union. Die Feindbilder dieser nationalistischen Gruppierungen sind Minderheiten, Roma, Sinti, Jüdinnen und Juden und auch Migrantinnen und Migranten.

4

„Ich glaube, dass der Lebensstandard höher wurde für alle Schichten hier. Da bin ich ganz sicher, das zeigen auch die Statistiken. Aber ein Teil der Gesellschaft fühlt sich relativ arm. Es war nämlich so, dass im Kommunismus durch diese […] Umverteilung alle einen sehr gleichen Lebensstandard hatten. Es war wie eine große Mittelschicht. […] Die qualifizierten Leute sind aber heute besser dran."

Quelle: Radiointerview mit H. Havelkova aus der Tschechischen Republik über die Zeit nach der „Wende"

AUFGABEN

1 Beschreibe, was man unter „Sanfter Revolution" versteht. A — h

2 Analysiere einen möglichen Zusammenhang zwischen Nationalismus und Demokratiefeindlichkeit. 3–4 — hp

3 Erörtere nach der Methode „Zeitzeugen befragen": Wähle eine Person aus, die über die Ereignisse nach dem Jahr 1989 in Osteuropa oder Südosteuropa Auskunft geben kann. A–B 1–4 — h

Europa – Krisen …

… bedrohen den Frieden.

A Europa in der Krise

Mit dem Fall des Eisernen Vorhangs kam es zu einer Veränderung der Politik in Europa. In vielen Staaten Europas wurden Parteien stark, die auf nationalistische Ideen setzten. Alte Konflikte zwischen Volksgruppen brachen erneut aus (zum Beispiel am Balkan). Viele Menschen glaubten nach wirtschaftlichen Krisen nicht mehr daran, dass die europäische Idee allen Bürgerinnen und Bürgern Wohlstand bringen könnte. Arbeitslosigkeit und Unzufriedenheit mit Entscheidungen der EU verstärkten nationalistische Ideen.
In einigen Staaten der Gemeinschaft entstanden Unabhängigkeitsbewegungen, zum Beispiel in Spanien und Großbritannien. Bürgerinnen und Bürger von Katalonien und Schottland wollten eigene Staaten gründen. Großbritannien stimmte 2016 für den Austritt aus der EU (Brexit). Die Erweiterungswünsche der NATO Richtung Osten hatten Konflikte mit Russland zur Folge.

B Krisen erreichen Europa

Kriege und politische Veränderungen in Nordafrika und im Nahen Osten wirken sich auf Europa aus. Nach dem Sturz der diktatorischen Regime in Nordafrika („Arabischer Frühling"), kam es zu Unterdrückung und Gewalt. Bürgerkriege in Libyen, Syrien, Afghanistan und Irak verstärkten die Flüchtlingsströme nach Europa. Aus den ebenfalls von Kriegen und vom Klimawandel betroffenen Gebieten südlich der Sahara kamen weitere Flüchtlinge. Sie alle versuchten, ins sichere Europa zu gelangen. Probleme bereitet die Aufteilung der Flüchtlinge: Viele Menschen in Europa empfinden die Zuwanderung als Bedrohung und fordern die Schließung der Grenzen. Andere wieder möchten verhindern, dass Europa zu einer Festung gegen Einwanderung verfolgter Menschen wird.

1

Flüchtlingswege nach Europa bis 2016 *(Geschichtskarte)*

2016 errichteten viele Staaten entlang der „Balkanroute" Grenzzäune. So wurde ein Fluchtweg in die EU geschlossen.

Zehntausende Menschen versuchen seither, von Nordafrika aus über das Mittelmeer die EU zu erreichen. Sie werden von Schlepperbanden auf überfüllten und meist nicht seetüchtigen Booten vor allem nach Italien gebracht. Viele kommen dabei um.*

2

Bundespräsident Van der Bellen bei einer Rede vor dem Europäischen Parlament *(Pressefoto, 14.02.2017)*

Er stellte in seiner Rede die EU als „das gelungene Projekt einer offenen Gesellschaft basierend auf Demokratie, Freiheit, Menschenrechten, ökonomischem Erfolg" dar.

Van der Bellen warnte in dieser Rede vor dem aufkeimenden Nationalismus in Europa. Er ist der Meinung, dass die Krisen, von denen Europa betroffen ist, nicht von Einzelstaaten gelöst werden können.

3

Finanz- und Wirtschaftskrisen *(griechischer Pensionist protestiert gegen Sparmaßnahmen, Pressefoto, Fotograf Robert Geiss, 2013)*

Von den USA aus erfasste 2008 eine Krise der Banken auch Europa. Einige gingen in Konkurs. Einige Staaten der EU wie Irland, Spanien, Portugal, Zypern und Griechenland hatten zu hohe Staatsschulden. Besonders Griechenland drohte der Staatsbankrott. Die Banken konnten oder wollten diesen Staaten keine Kredite geben. Die EU nahm sie unter einen „Schutzschirm", allerdings mussten sie strenge Sparkurse akzeptieren. Gerade schlecht verdienende Menschen waren durch Kürzungen von Sozialleistungen und Pensionen, Schließungen öffentlicher Einrichtungen (Krankenhäuser, Kindergärten etc.) und Entlassungen betroffen. In Griechenland konnte der „GREXIT* gerade noch verhindert werden. Es kam zu Protesten. Durch die Verflechtung der europäischen Wirtschaft waren alle Staaten der EU betroffen.*

4

Ukraine-Krieg *(Foto, Fotograf Alexander Ermochenko, 2014)*

Die Ukraine wurde nach dem Zerfall der Sowjetunion 1991 ein unabhängiger Staat. Im Februar 2014 besetzten russische Soldaten die Halbinsel Krim. Im März 2014 wurde dieser Teil der Ukraine völkerrechtswidrig an Russland angeschlossen. Die UNO, die EU und die meisten westlichen Staaten erkannten diesen Anschluss nicht an. Seit 2014 hat die EU schrittweise strenge Bestrafungen gegen Russland verhängt. Diese Maßnahmen sollen vor allem die Wirtschaft Russlands schwächen.

Am 24. Februar 2022 erfolgte ein bewaffneter Angriff Russlands auf die Ukraine. Die EU und viele andere Staaten verurteilten diesen Angriff. Sie reagierten mit weiteren Maßnahmen. So haben zum Beispiel sehr viele Unternehmen ihre Geschäftstätigkeiten in Russland beendet.

AUFGABEN

1 Fasse die Krisen in Europa, die in A–B beschrieben werden, zusammen. Stelle fest, welche Meinung Bundespräsident Van der Bellen zum aufkeimenden Nationalismus in Europa hat. 2 — hp

2 Interpretiere die Karte in 1 nach der Methode „Geschichtskarten lesen" auf Seite 129. Erkläre anhand von A–B und 2, welche Auswirkungen diese Situation auf Europa hat. — hp

3 Ermittle, wie sich Finanz- und Wirtschaftskrisen auf die Bevölkerung auswirken. 3 — hp

4 Arbeite nach der Methode „Internet-Recherche" auf Seite 17 und erstelle eine Präsentation zum Thema „Ukraine-Krieg" 4 — h

5 Untersuche die Doppelseiten des Moduls 4 und arbeite heraus, welche Schwerpunkte die Autorin und die Autoren gesetzt haben. Stelle Vermutungen an, was ihnen dabei besonders wichtig gewesen sein könnte. Hättest du die gleiche Verteilung der Seiten und Inhalte gewählt, oder hättest du noch andere Themen stärker betont haben wollen? Fehlt dir ein Thema? Sammle jene Informationen in diesem Kapitel, die neu für dich waren. Beurteile, in welchen Bereichen deines Lebens dir diese Erkenntnisse hilfreich sein können. — h

Lexikon

GREXIT
bezeichnet das Ausscheiden Griechenlands aus der Eurozone.

Schlepper
Person, die Flüchtlinge gegen Geld illegal über Grenzen bringt

Staatsbankrott
Zahlungsunfähigkeit (eines Staates)

→ AH S. 38

Basis

1

Arbeite mit deiner Banknachbarin bzw. deinem Banknachbarn. Klärt, ob folgende Aussagen wahr oder falsch sind. Stelle die falschen Sätze richtig und schreibe sie auf. **h**

		r	f
a	Die Europäische Kommission hat drei Kommissarinnen/Kommissare pro Staat.		
b	Seit dem 18. Jahrhundert ermöglichen Telefonkabel am Land und im Meer schnelle schriftliche Meldungen zwischen den Kontinenten.		
c	Indien ist eine ehemalige britische Kolonie.		
d	In Rumänien fand eine „Samtene Revolution" statt.		
e	6000 Soldaten kehrten aus der russischen Kriegsgefangenschaft wieder zurück.		
f	Nach dem Zweiten Weltkrieg wurde der Völkerbund gegründet.		
g	1942 herrschte Japan über ein Volk von 50 Millionen Menschen.		

2

Ordne die Begriffe den passenden Erklärungen zu. **h**

Apartheid (1)	☐	= privater Besitz wird staatlicher Besitz
Zionismus (2)	☐	= Ende kolonialer Herrschaft
Koalition (3)	☐	= Nordatlantikpakt
UNO (4)	☐	= Regelt die Ausgrenzung der farbigen Bevölkerung Südafrikas
Verstaatlichung (5)	☐	= Wunsch jüdischer Menschen nach einem eigenen Staat
Entkolonialisierung (6)	☐	= zwei oder mehr Parteien regieren
NATO (7)	☐	= Unparteilichkeit
Neutralität (8)	☐	= Vereinte Nationen
Nahostkonflikt (9)	☐	= gewaltlose Aktion Gandhis
Salzmarsch (10)	☐	= Konflikt um die Region Palästina

→ AH S. 39/40

Plus

3

Interpretiere das Foto nach der Methode „Fotos analysieren" auf Seite 41. h

Die Befreiung *(Foto, 1945)*

Boris Ignatowitsch war ein sowjetischer Fotokünstler. In der Zeit des Zweiten Weltkriegs arbeitete er als Bildreporter an Einsatzorten der Roten Armee. Dieses Foto entstand nach der Befreiung des Vernichtungslagers Auschwitz 1945 durch sowjetische Soldaten.

4

„Er hod a klanes Häusl in der greanen Au
Er hod a guten Posten und a dicke süße Frau
Er tut si bei der Arbeit net de Händ verstauchen
Er kaun an jeden Sundog a Virginia rauchen
Do sogt da mir gehts guat, auf de aundan hau in huat

Do sogt da:
Hinter meiner, vorder meiner, links, rechts güts nix
Ober meiner, unter meiner siach i nix
Spür nix, hear nix und i riach nix.
Denk i nix und red i nix und tu i nix
Waun da Wind wahd in de Gossn
Waun da Wind wahd am Land
Waun da wind wahd, do steckt da
Sein Köpferl in Sand"

Quelle: Liedausschnitt „Sein Köpferl in Sand" *(Melodie und Text: Arik Brauer)*

Arik Brauer ist ein österreichischer Maler, Grafiker, Sänger und Dichter.

Interpretiere den Text nach der Methode „Politisches Lied analysieren" auf Seite 65. p

EINE GESELLSCHAFT VERÄNDERT SICH

1

1927 *(Foto, 1927)*

Der Brand des Justizpalasts ist der Höhepunkt des Kampfes zwischen den Parteien der Ersten Republik.

2

1955 *(Kreisky [SPÖ], Figl [ÖVP], Schärf [SPÖ], Raab [ÖVP], Foto, 1955)*

Gemeinsam erreichen die österreichischen Parteien die Unabhängigkeit Österreichs im Staatsvertrag.

3

1988 *(Foto, 2016)*

Das Mahnmal gegen Krieg und Faschismus von Alfred Hrdlicka ist den Opfern der nationalsozialistischen Herrschaft in Österreich 1938–1945 gewidmet.

4

1969 *(Foto, 1969)*

Das Festival in Woodstock/USA ist ein Symbol für den Beginn großer gesellschaftlicher Veränderungen ab den 1960er Jahren.

20. JAHRHUNDERT

1900 1905 1910 1915 1920 1925 1930 1935 1940 1945 1950 1955 19

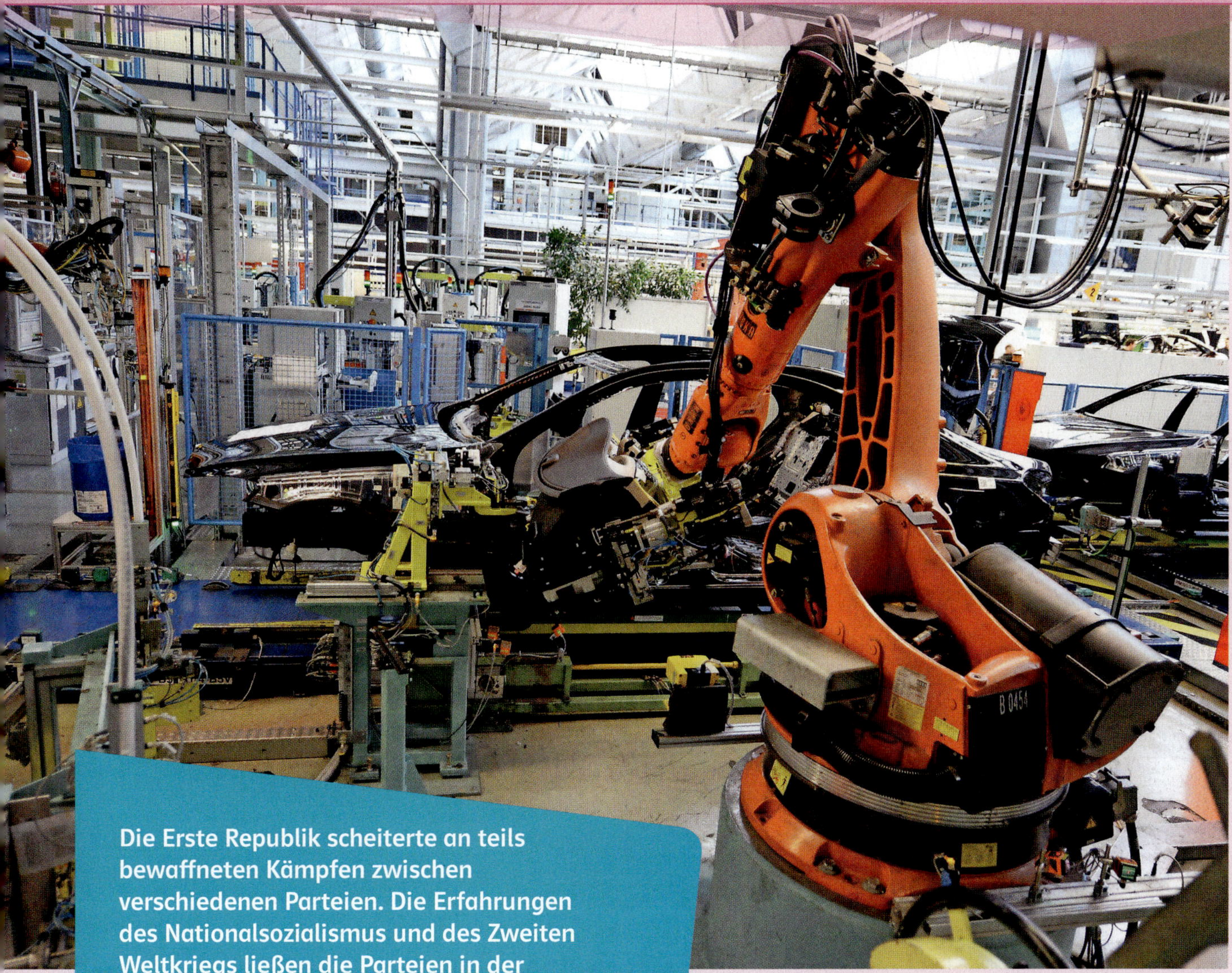

Die Erste Republik scheiterte an teils bewaffneten Kämpfen zwischen verschiedenen Parteien. Die Erfahrungen des Nationalsozialismus und des Zweiten Weltkriegs ließen die Parteien in der Zweiten Republik zusammenarbeiten.
Die Erinnerung an vergangene Ereignisse wird durch viele Denkmäler wach gehalten. Einige davon sind aus politischen Gründen umstritten, viele aber haben über Österreich hinaus touristische Bedeutung.
Nach dem Zweiten Weltkrieg, besonders aber ab den 1960er Jahren, änderten sich viele gesellschaftliche Werte.
Neue Technologien verändern unsere Lebens- und Arbeitswelt. Sie bringen aber auch neue gesellschaftliche Probleme.

(Arbeit mit Robotern, Mercedes Produktion, Pressefoto, Fotograf Bernd Weinbrod, 2014)

IMPULSE

1 Ordne die bei den Bildern angegebene Jahreszahl in die Zeitleiste ein.

2 Nenne Beispiele, an denen man erkennen kann, dass sich eine Gesellschaft verändert.

3 Erkläre, weshalb Denkmäler politisch umstritten sein können.

4 Zähle einige technische Neuerungen auf, an die du dich selbst erinnerst oder die deine Eltern miterlebt haben.

21. JAHRHUNDERT

65 | 1970 | 1975 | 1980 | 1985 | 1990 | 1995 | 2000 | 2005 | 2010 | 2015 | 2020 | 2025

Österreich vor dem Krieg

Eine Gesellschaft im Konflikt

A Politischer Extremismus*

Politische Extremistinnen und Extremisten dulden oft keine andere Meinung als ihre eigene. Sie begeistern sich vorwiegend für Ideen, die gegen die Regeln einer Demokratie sind. Meist sind sie auch bereit, für die Durchsetzung ihrer Ziele Gewalt anzuwenden. Die Zeit der Ersten Republik in Österreich (1918–1938) war geprägt von Auseinandersetzungen politischer Extreme.

B Gegeneinander statt miteinander

Die Gegensätze zwischen den beiden größten Parteien nach dem Ersten Weltkrieg, den Christlichsozialen und den Sozialdemokraten, wurden immer größer. Bewaffnete Parteiheere entstanden: die „Heimwehr" in Verbindung mit den Christlichsozialen und der „Republikanische Schutzbund" bei den Sozialdemokraten. Dazu kamen weitere gewaltbereite Gruppen, zum Beispiel die „Frontkämpfer*" oder die Nationalsozialisten. Sie alle versuchten durch Aufmärsche, Gewalt und Demonstrationen ihre Ziele durchzusetzen.

C Schattendorf

Im Jänner 1927 kam es in Schattendorf (Burgenland) zu einem gewaltsamen Aufeinandertreffen zwischen dem „Republikanischen Schutzbund" und den „Frontkämpfern", die dabei einen Mann und ein Kind erschossen. Am 14. Juli wurden die Täter in einem Gerichtsverfahren freigesprochen. Aufgebrachte Demonstranten steckten daraufhin den Justizpalast in Brand.

1

„Mörder von Schattendorf freigesprochen!

Nichts wird den drei Angeklagten, die am 30. Jänner in Schattendorf in eine Menschenmenge hineingeschossen, mit vollem Vorsatz die todbringenden Schüsse auf Menschen abgefeuert haben, die zwei Menschenleben vernichtet und fünf Menschen verletzt haben, nichts wird ihnen geschehen, kein Haar wird ihnen gekrümmt werden: die eidbrüchigen Gesellen auf der Geschworenenbank haben sie von allen Schuldfragen freigesprochen und unter dem Siegesgeheul der angesammelten Frontkämpfer sind sie, die zwei Menschenleben auf dem Gewissen haben, sofort in Freiheit gesetzt worden. Eine Schurkerei ist diese Freisprechung, wie sie […] vielleicht noch nie erlebt worden ist."

Quelle: „Arbeiterzeitung" vom 15. Juli 1927 *(gekürzt)*

2

„Zwei Gruppen von Angeklagten standen im Schattendorfer Prozeß vor den Richtern. Die eine Gruppe, das waren die drei Frontkämpfer, denen der Staatsanwalt die […] Schuld an dem Tode des Schutzbündlers […] und des Knaben […] beigemessen hat. Die andere […] bestand aus […] kleinen Raufbolden und einflussreichen Parteimännern, gegen die keine formelle Anlage erhoben war […] Je weiter der Prozeß vorwärts kam, desto schärfer trat das Verbrechen der zweiten Gruppe hervor […] Selbst der Staatsanwalt konnte sich diesem Eindruck nicht entziehen. „Im vorliegenden Falle will ich ohne weiteres zugeben", sagte er, „daß die moralische Schuld auf Seite jener liegt, die damals den sozialdemokratischen Gegenaufmarsch arrangiert haben." Auf diesem Sachverhalt beruht in erster Linie der heutige Freispruch […]"

Quelle: „Reichspost" vom 15. Juli 1927 *(gekürzt)*

3

Brand des Justizpalastes in Wien *(Foto, 1927)*

4

Bürgerkrieg in Österreich *(Foto einer zerschossenen Arbeiterwohnung 1934, Goethehof, 22. Bezirk in Wien)*

Nach dem Brand des Justizpalastes wurden die Spannungen noch größer. Im März 1933 nützte die Christlichsoziale Partei einen Konflikt um eine Abstimmung im Parlament und beschloss, alleine, ohne Parlament zu regieren. Die Auflösung des Parlaments erhöhte die Spannungen weiter. Im Februar 1934 kam es zum offenen Kampf. Die Christlichsoziale Partei, die „Heimwehr" und später auch das Bundesheer kämpften gegen Sozialdemokraten und „Schutzbund", die diesen Bürgerkrieg verloren. Die Sozialdemokratische Partei wurde verboten. So konnte der christlichsoziale Bundeskanzler die Verfassung ändern. Es gab dann nur noch eine politische Organisation, die „Vaterländische Front".

5

Putschversuch der Nationalsozialisten im Juli 1934
(Foto, Panzerwagen vor dem Bundeskanzleramt)

Im Juli 1934 versuchten Nationalsozialisten mit Gewalt die Macht in Österreich an sich zu reißen. Dabei wurde der österreichische Bundeskanzler Engelbert Dollfuß erschossen. In Oberösterreich, Salzburg, Kärnten und der Steiermark kam es zu Kämpfen. Der Putschversuch wurde schließlich niedergeschlagen. Neuer Bundeskanzler wurde Kurt Schuschnigg.

6

Militärposten vor dem Karl-Marx-Hof in Wien
(Fotograf und Zweck unbekannt, Foto, 15.2.1934)

Laut Regierung gab es im Bürgerkrieg 314 Tote, die Sozialdemokraten nannten 1400 Tote.

Lexikon

Extremismus
leitet sich vom lateinischen Wort „extremus" („Grenze", „Rand", „über das Gewöhnliche hinausgehend") ab. Religiöse wie politische Extremistinnen und Extremisten lassen selten andere Ansichten gelten. Der Verfassungsschutz in Österreich beobachtet extremistische Kräfte. Liegen Gründe für ein Verbot von politischen oder religiösen Gruppen vor, entscheidet der Verfassungsgerichtshof über dieses.

Frontkämpfer
kleine Gruppe radikaler Gegner der Sozialdemokraten und der Kommunisten; der Wehrverband bestand zum Großteil aus ehemaligen Frontsoldaten der k.u.k. Armee.

AUFGABEN

1 Erkläre in eigenen Worten, was Extremismus bedeutet. Recherchiere und vergleiche weitere Formen von Extremismus in Sachbüchern oder im Internet. A (Lexikon, Sachbücher, Internet) hp

2 Markiere in B die Parteien, die in Österreich ihren politischen Einfluss vergrößern wollten. h

3 Erkläre in eigenen Worten, wie es zum Brand des Justizpalastes kam. B-C 1-3 hp

4 Analysiere und vergleiche die beiden Zeitungsartikel 1-2. Markiere in den beiden Zeitungsartikeln die Antworten auf die folgenden Aufgaben. Fasse die Antworten dann in einem Satz zusammen. hp
- Stelle dar, welche Position die Verfasser beziehen und markiere jene Stellen im Text, die darauf schließen lassen.
- Erörtere, für wen und warum diese Artikel verfasst wurden.
- Erläutere mögliche Reaktionen der Leser.

5 Analysiere die Ereignisse im Jahr 1934 in Österreich. Wie erklärst du dir die unterschiedlichen Angaben der Todesopfer? A-C 1-6 hp

Österreichs Aufstieg

Eine Gesellschaft im Konsens*

A Die Sozialpartnerschaft

Vor dem Zweiten Weltkrieg standen sich Arbeitgeber und Arbeitnehmer meist feindselig gegenüber. Nach dem Zweiten Weltkrieg, als die wirtschaftlichen Probleme im Land groß waren, entwickelte sich eine Zusammenarbeit zwischen Arbeitgeber- und Arbeitnehmerverbänden*. Bis heute arbeiten diese in der „Paritätischen Kommission* für Lohn- und Preisfragen" zusammen. Ihre Entscheidungen werden von allen Sozialpartnern, also den Interessensvertretern der Arbeitgeberinnen/Arbeitgeber und Arbeitnehmerinnen/Arbeitnehmer, anerkannt. Deshalb herrscht in Österreich bis heute sozialer Friede und es gab kaum Streiks. Das war Voraussetzung für ein Wirtschaftswachstum, das allen nutzte.

B Der Sozialstaat

1956 beschloss die Regierung ein neues Sozialversicherungsgesetz. Es sollte auch Menschen mit geringem oder keinem Einkommen soziale Sicherheit bieten.
Im Sozialstaat gibt es eine kostenlose medizinische Versorgung und finanzielle Unterstützung bei Krankheit, im Alter oder bei Arbeitslosigkeit. Schulbesuch und Schulbücher sind gratis, damit alle Kinder gute Chancen auf Bildung haben. Der Sozialstaat verbesserte damals die Lebensbedingungen in Österreich. Die Sozialleistungen werden durch Beiträge der Arbeitgeberinnen/Arbeitgeber und Arbeitnehmerinnen/Arbeitnehmer und aus Steuern finanziert. Weil die Menschen immer älter werden, müssen immer mehr Pensionen bezahlt werden. Wenn nun immer weniger Menschen arbeiten, sinken die Einnahmen der Sozialversicherungen und auch die Steuereinnahmen des Staates. Vorsorge wird zur Privatsache, sobald der Staat nicht genug Geld für die Sozialleistungen hat.

1

Zeit der Koalitionen (= zwei oder mehrere Parteien bilden die Bundesregierung*): Bruno Pittermann (SPÖ), Leopold Figl und Bundeskanzler Julius Raab (ÖVP)
(Foto, 1959)

Von 1947 bis 1966 bildeten ÖVP und SPÖ immer wieder eine „Große Koalition". Darunter versteht man die Zusammenarbeit von zwei Parteien, die die meisten Mandate bei einer Wahl erhielten. Die ÖVP stellte den Bundeskanzler. Bei den Verhandlungen zu dieser „Großen Koalition" wurde der Proporz beschlossen: Alle wichtigen Posten im Staat wurden zwischen den beiden Großparteien aufgeteilt.

2

Zeit der Alleinregierungen (= eine Partei bildet die Bundesregierung): Bruno Kreisky
(Foto, Fotograf Friedrich Muhr, 20. Jahrhundert)

Von 1966 bis 1970 erhielt die ÖVP die absolute Mehrheit der Mandate im Nationalrat. Sie bildete eine Alleinregierung.

Von 1970 bis 1971 bildeten die SPÖ (unter Bruno Kreisky) und die FPÖ eine Minderheitenregierung. Zusammen verfügten sie daher zwar nicht über die Mehrheit, bildeten aber die Regierung.

Zwischen 1971 und 1983 erhielt die SPÖ mehr als 50 Prozent der Stimmen. Dreimal war Bruno Kreisky Bundeskanzler einer Alleinregierung.

Sein wichtigstes Ziel war die Vollbeschäftigung. Deshalb machte die Regierung Schulden, um Arbeitslosigkeit zu vermeiden. Viel Geld wurde in die verstaatlichte Industrie oder den Ausbau von Autobahnen investiert, um Arbeitsplätze zu schaffen.

3

Wahlplakat der SPÖ von 1971

4

Ausbau des Sozialstaats
- Bau von Sozialwohnungen
- Pensionserhöhungen
- Stipendien für Schulausbildung
- bessere Arbeitslosenunterstützung
- bessere Krankenversicherung

Neuerungen
- Gratisschulbuch
- Schülerfreifahrt
- Ausbau der Universitäten
- Verkürzung der Wehrdienstzeit
- Einführung des Zivildienstes
- Fristenlösung*
  (= Schwangerschaftsabbruch in den ersten drei Monaten)

Staatsverschuldung (in Millionen Euro)

1970	3,420	1990	76,518
1980	27,002	2000	137,995
1983	40,575	2005	205,212

Politische Maßnahmen der SPÖ-Alleinregierung *(1971–1983)*

Lexikon

Arbeitgeberverbände
sind die Wirtschaftskammer und die Industriellenvereinigung (in Vertretung der Unternehmen) sowie die Landwirtschaftskammern (in Vertretung der Landwirte).

Arbeitnehmerverbände
sind der Österreichische Gewerkschaftsbund (ÖGB) und die Arbeiterkammern. Sie vertreten die Interessen der Angestellten und Arbeiterinnen und Arbeiter.

Bundesregierung
Sie hat die Aufgabe, die im Nationalrat beschlossenen Gesetze umzusetzen. Man nennt sie auch die exekutive Staatsgewalt. Sie besteht aus der Bundeskanzlerin oder dem Bundeskanzler, der Vizekanzlerin oder dem Vizekanzler und den Ministerinnen und Ministern. In jedem Bundesministerium können auch Staatssekretärinnen und Staatssekretäre ernannt werden.

Fristenlösung
Seit 1973 besteht die gesetzliche Regelung, dass ein Schwangerschaftsabbruch in den ersten drei Monaten (Frist) nicht strafbar ist.

Konsens
bedeutet Übereinstimmung. Zwischen verschiedenen Gruppen wird eine Einigung erzielt.

Paritätische Kommission
paritätisch = „gleichrangig sein"; Arbeitgeberinnen, Arbeitgeber und Arbeitnehmerinnen und Arbeitnehmer sind gleich stark vertreten. Alle Beschlüsse müssen einstimmig erfolgen und zwingen die Verhandlerinnen und Verhandler zum Kompromiss.

AUFGABEN

1 Beschreibe, was die Sozialpartnerschaft ist und welche Vorteile sie für Österreich brachte. A — h

2 Fasse zusammen, warum Österreich bis heute ein Sozialstaat ist. B — hp

3 Schildere, welche Probleme es bei der Aufrechterhaltung des Sozialstaats gibt. B — hp

4 Erkläre in eigenen Worten den Unterschied zwischen einer Koalition und einer Alleinregierung. 1–2 — hp

5 Vergleiche die Wahlversprechungen auf dem SPÖ-Plakat in 3 mit den umgesetzten Projekten der SPÖ-Alleinregierung in 4. Schreibe deine Überlegungen auf. — hp

6 Diskutiert nach der Methode „Pro-und-Kontra-Diskussion" auf Seite 130 zum Thema „Schuldenmachen, um den Sozialstaat zu erhalten" oder „Sparen und die Sozialleistungen kürzen". — hp

Parteienvielfalt und Verfassung

Grundzüge der österreichischen Rechtsgeschichte

A Alte und neue Parteien

Zwischen 1959 und 1986 waren nur drei Parteien (SPÖ, ÖVP und FPÖ) im Nationalrat vertreten. 1986 kam die Partei „Die Grünen" dazu. 2013 schafften zwei weitere den Einzug ins Parlament, die „Neos" und das „Team Stronach", und 2017 die „Liste Pilz".

B Wozu eine Verfassung?

Die Grundregeln eines Staates sind die Verfassungsgesetze. Sie sind der wichtigste Rahmen. Alle anderen Gesetze und Bestimmungen müssen ihr entsprechen. Darüber wacht der Verfassungsgerichtshof. In der Verfassung ist festgelegt, wer wie Gesetze machen darf und wie die Verwaltung und die Bundesregierung diese umsetzen sollen. Dies wird vom Verwaltungsgerichtshof kontrolliert. Die Verfassung regelt auch, wie Wahlen ablaufen sollen. Aber nicht nur die gewählten Parteien bestimmen die Politik. Auch Proporz und Sozialpartnerschaft sorgen für politische Kompromisse zwischen den verschiedenen Interessensgruppen. Diese nicht durch Gesetze geregelte Übereinkunft wird „Realverfassung" genannt.

C Veränderungen der Verfassung

Der wichtigste Teil der Verfassung wurde 1920 nach dem Ende der Monarchie beschlossen. Darin sind die Prinzipien unseres Staates festgelegt. Sie dürfen nur durch eine Zweidrittelmehrheit und eine Volksabstimmung geändert werden. Alle weiteren Verfassungsgesetze werden, ebenfalls mit Zweidrittelmehrheit, im Parlament beschlossen. Abgesehen von der Zeit zwischen 1933 und 1945 wurde unser Bundesverfassungsgesetz nur 1994 geändert, bevor Österreich der EU beitrat.

1

Beispiele für österreichische Parteien *(Logos 2017, in alphabetischer Reihenfolge)*

Politische Parteien stellen Kandidatinnen und Kandidaten auf, mit denen sie bei Wahlen antreten. Parteien arbeiten auf lokaler, nationaler und internationaler Ebene zusammen.

In den Parteiprogrammen stehen die Ziele und Leitsätze von Parteien. Dort nehmen sie Stellung zu verschiedenen Lebensbereichen wie Sicherheit, Bildung oder Gesundheit.

2

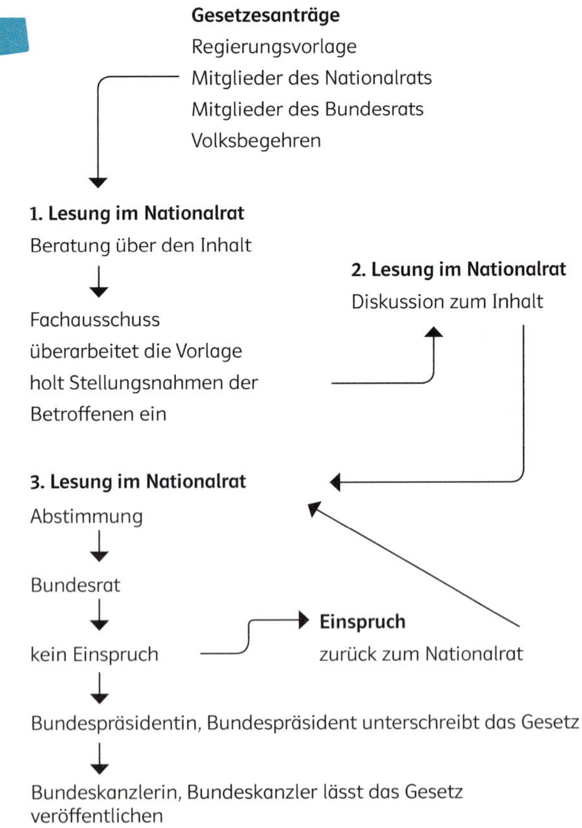

Wie ein Gesetz entsteht

Gesetze sind die Spielregeln einer Gesellschaft. In Österreich ist genau geregelt, wie ein Gesetz zustande kommt. Wird ein Gesetz verändert, ergänzt oder gekürzt, spricht man von einer Novelle.

3

Die Verfassung und ihre Grundprinzipien *(Schaubild, 2014)*

Demokratisches Prinzip: Alle Staatsbürgerinnen und Staatsbürger haben die gleichen Rechte und Möglichkeiten zur politischen Mitbestimmung (Wahlrecht).

Republikanisches Prinzip: Die verschiedenen Staatsgewalten sind eine Angelegenheit der gesamten Gesellschaft. Anders als in einer Monarchie wird in einer Republik das Staatsoberhaupt gewählt (Bundespräsidentschaftswahl).

Rechtsstaatliches Prinzip: Gesetzgebung, Vollziehung und Rechtsprechung sind an die Verfassung gebunden. Der Staat darf nur so handeln, wie es in den Gesetzen steht.

Bundesstaatliches Prinzip: In Österreich besteht der Bundesstaat aus neun Bundesländern. Die Zuständigkeiten zwischen Bund und Ländern sind genau geregelt.

4

Familien- und Strafrecht, Züchtigungs[un]recht
(Szenenfoto aus dem Film „Der Traum“, 2006)

Bis 1977 sah das Züchtigungsrecht vor:
„[...] unsittliche, ungehorsame oder die häusliche Ordnung störende Kinder auf eine nicht übertriebene und ihrer Gesundheit unschädliche Art zu züchtigen.“

Die Kinderrechts-Reform von 1989 besagte dann:
„Das minderjährige Kind hat die Anordnungen der Eltern zu befolgen. Die Eltern haben bei ihren Anordnungen und deren Durchsetzung auf Alter, Entwicklung und Persönlichkeit des Kindes Bedacht zu nehmen; die Anwendung von Gewalt und die Zufügung körperlichen oder seelischen Leides sind unzulässig.“

AUFGABEN

1 Arbeite heraus, wie sich die Zahl der Parteien in der Zweiten Republik verändert hat. A 1 p

2 Fasse die historische Entwicklung der Verfassung in Österreich im 20. Jahrhundert zusammen. B–C p

3 Erkläre, was die österreichische Verfassung festlegt und welche Merkmale sie hat. Beziehe das Schaubild mit ein. B 3 p

4 „Autofahren ab 15“: Erkläre mithilfe von 2, wie es zu einem solchen Gesetz kommen könnte. p

5 Vergleiche die beiden Texte in 4 und beschreibe die Veränderungen im Familien- und Strafrecht in den 1970er Jahren. hp

6 Analysiere im Internet das Parteiprogramm einer von dir ausgewählten österreichischen politischen Partei. Stelle dar, welche Bewertungen darin enthalten sind. p

Wählen dürfen

Ein hart erkämpftes Recht!

A Warum gibt es Wahlen?

Jeder Mensch hat den Wunsch, frei über sein Leben bestimmen zu können. In einer Demokratie gibt es die Möglichkeit der freien Wahl zwischen Personen oder Parteien. So kann man bei Entscheidungen für eine Gemeinschaft mitbestimmen. Dadurch garantiert ein Staat auch die größtmögliche Freiheit der einzelnen Person.

B Der Kampf ums Wahlrecht

Eine Mitbestimmung des Volkes konnten sich in der Habsburgermonarchie viele nicht vorstellen. Mit der Revolution von 1848 begann ein langer Kampf darum.

Die Gesellschaft hatte sich durch die Industrialisierung verändert. Immer mehr Menschen wollten mitbestimmen. Nach großem Zögern wurden Parteien erlaubt, die großen Zulauf hatten. Doch der Kaiser behielt lange seine Macht.

Ein erster Schritt war ein Wahlrecht für reiche Männer, die sehr hohe Steuern zahlten. Erst ab 1896 waren auch jene Männer wahlberechtigt, die wenig Steuern zahlten. Ab 1907 gab es das gleiche Wahlrecht für alle Männer. Erst 1918, in der demokratischen Republik Österreich, wurde das Wahlrecht auch für Frauen beschlossen. 1919 fanden schließlich die ersten Wahlen mit Beteiligung der Frauen statt.

C Wahlrecht – Wahlpflicht

In Österreich gab es lange Zeit eine Wahlpflicht. Niemandem konnte so verboten werden, wählen zu gehen.

Heute haben wir das Recht, durch Wahlen mitzuentscheiden (Gemeinderat, Landtag, Nationalrat, Bundespräsident, EU-Parlament). Wer nicht wählen geht, verzichtet darauf, mitgestalten zu können, und überlässt es anderen, zu bestimmen.

1

Plakat mit den Forderungen der Sozialdemokratischen Partei von 1904 *(Cover einer Zeitschrift)*

2

Nr. 8. Wien, Sonntag, 23. Februar 1919. XXIV. Jahrgang.

V. Chiavacci

Wiener Bilder

Illustriertes Familienblatt

Die Wahlen in die Nationalversammlung.

Die Abstimmung in einem der Wiener Wahllokale.

Bericht von 1919 über die erste Wahl, bei der Frauen wahlberechtigt waren

Es war Wahlpflicht. Man dachte, Männer würden sonst ihren Frauen das Wählen verbieten.

3 „Demokratie ist jene Regierungsform, bei der ein friedlicher Machtwechsel eine Selbstverständlichkeit ist.“

Quelle: Demokratie ermöglicht Frieden im Staat
(Rot-weiß-rot/Journal für Auslandsösterreicher)

Der ehemalige Bundespräsident Dr. Heinz Fischer in einem Interview 2013.

5 „Ein ruhiger Wahlkampf in Sicht […]Um einen ruhigen Verlauf der Wahlkampagne zu ermöglichen, ist zwischen der christlich-sozialen und der sozialdemokratischen Partei bereits ein Abkommen getroffen worden, in dem sich die beiden Parteien gegenseitig verpflichten, ihre Versammlungen nicht zu stören und überhaupt die Wahlbewegung in einer solchen Form zu führen, dass unnötige Reibungen vermieden werden. Man will es ferner vermeiden, den Wahlkampf in das persönliche Gebiet hinüberzutragen […]“

Quelle: Wahlkampf – Fairnessabkommen
(Kronen-Zeitung vom 1. August 1923, gekürzt)

Bereits in der Ersten Republik wurde vor Wahlen versucht, einen fairen und ruhigen Wahlkampf zu führen.

4

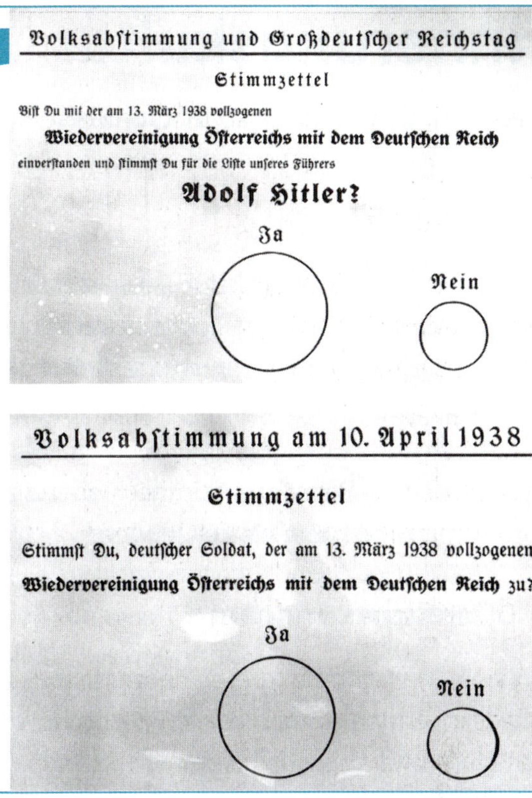

Volksabstimmung und Großdeutscher Reichstag

Stimmzettel

Bist Du mit der am 13. März 1938 vollzogenen

Wiedervereinigung Österreichs mit dem Deutschen Reich

einverstanden und stimmst Du für die Liste unseres Führers

Adolf Hitler?

Ja

Nein

Volksabstimmung am 10. April 1938

Stimmzettel

Stimmst Du, deutscher Soldat, der am 13. März 1938 vollzogenen
Wiedervereinigung Österreichs mit dem Deutschen Reich zu?

Ja

Nein

Nationalsozialistische Wahlinformation zur Volksabstimmung über die sogenannte „Wiedervereinigung Österreichs mit dem Deutschen Reich“ am 10.4.1938

Bei dieser Abstimmung wurde der Zettel oft direkt vor der Wahlkommission ausgefüllt. So konnte das Abstimmungsverhalten der einzelnen Personen kontrolliert werden.

6

1893	Neuseeland
1906	Finnland
1915	Dänemark
1917	Kanada
1918	Österreich
1920	USA
1928	Irland, Großbritannien
1930	Türkei
1944	Bulgarien, Frankreich
1945	Kroatien, Slowenien, Italien
1957	Malaysia
1958	Nigeria
1971	Schweiz
1972	Bangladesch
2003	Afghanistan
2005	Kuweit
2011	Tunesien

Einführung des Wahlrechts für Frauen *(Foto, 2017)*

Aufgezählt sind einige Beispiele. Noch heute gibt es Staaten, in denen Frauen nicht wählen dürfen.

AUFGABEN

1 Wiederhole, warum es in einer Demokratie Wahlen geben muss. Welchen Zweck kann Wahlpflicht haben? A-B 3 — p

2 Erkläre, warum die auf dem Plakat 1 geschriebenen Forderungen gestellt wurden. — hp

3 Weise mithilfe von 4 nach, was an dem Stimmzettel einer demokratischen Wahl widerspricht. — hp

4 Interpretiere den Zeitpunkt der Einführung des Frauenwahlrechts in Österreich im internationalen Vergleich. Welche geschichtliche Entwicklung hat das Wahlrecht für Frauen 1918 ermöglicht? 2, 6 (Internet) — hp

5 Erkläre den Sinn eines Fairness-Abkommens vor einer Wahl. Wie würden Wahlkämpfe möglicherweise ablaufen, wenn man solche Abkommen nicht schließt? 5 — p

Erinnerungen ...

... kann man nutzen.

A Erinnerung als Geschäft

Erinnerungen können vielfältig verwendet werden. Vor allem die Erinnerung an konkrete, oftmals berühmte Personen bietet die Möglichkeit, einzelne Produkte oder auch ganze Städte zu bewerben. Dabei spielt die tatsächliche historische Realität wenig oder auch gar keine Rolle. Es geht darum, möglichst viele zukünftige Kundinnen und Kunden anzusprechen. Touristinnen und Touristen sollen durch die Werbung mit bekannten historischen Personen mehr Interesse an einem Besuch des jeweiligen Ortes bekommen. Produkte sollen sich besser verkaufen.

B Erinnerung als Mittel für Herrschende

In vielen Kulturen beschäftigen sich Herrscherinnen und Herrscher bereits zu Lebzeiten mit der Erinnerung, die sie einmal hinterlassen wollen. Bauwerke oder Statuen sollen die Größe der Herrschenden auch noch nach ihrem Tod zeigen.
Vor allem in diktatorischen Regimen wird versucht, durch das Aufstellen von überlebensgroßen Statuen, die den aktuellen Herrscher oder eine für ihn bedeutende Person zeigen, Einfluss auf die Menschen auszuüben. Sie sollen beeindruckt sein und die Statuen verehren.
Manche versuchen auch, der Bevölkerung zu vermitteln, wie sie gerne gesehen werden wollen, zum Beispiel als:

- Schlachtensieger
- Wohltäterin oder Wohltäter
- Mäzenin, Mäzen
- Fördererin, Förderer der Wissenschaften
- Landesmutter, Landesvater

1

Mozart-Denkmal aus Bronze, 1842 aufgestellt
(Foto, 2016, Salzburg)

Das Denkmal zeigt einen aufrecht stehenden Mozart im langen Mantel. Als Symbol für Heimat stützt er sich mit einem Fuß auf einen Felsen. Links hält er eine Schriftrolle, rechts einen Schreibgriffel. Spenden machten die Aufstellung 51 Jahre nach seinem Tod möglich. Funde römischer Mosaike hatten die Aufstellung verzögert. Mozarts Frau konnte von ihrer Wohnung aus die Arbeiten am Denkmal noch mitverfolgen, verstarb aber sechs Monate vor der Enthüllung.

2

Mozart-Denkmal des Künstlers Markus Lüpertz, 2005 aufgestellt *(Foto, 2017, Salzburg)*

Mozart wird mit weiblichem Körper, stämmigen Beinen und ohne linken Arm gezeigt. Lüpertz wollte die Genialität, aber auch die Zerrissenheit Mozarts darstellen. Er wollte zeigen, dass Kunst immer bedroht und beschädigt werden kann. Das Aufstellen des „modernen" Mozart führte zu heftigen Diskussionen in Salzburg. Die Skulptur wurde zwei Monate nach ihrer Aufstellung geteert und gefedert. Seit der Reinigung fehlt die Gesichtsbemalung.

3

Sissi – der Film ... *(Foto/Standbild aus dem Film „Sissi", 20. Jahrhundert)*

Der österreichische Historienfilm aus dem Jahr 1955 prägt bis heute das Bild, das sich Menschen von der Kaiserin machen. Ab dem 20. Jahrhundert entstand um Elisabeth ein regelrechter Kult. Sie wurde zur Idealgestalt und zum Sinnbild der „guten, alten Zeit".

4

Elisabeth wurde 1837 als Tochter des Herzogs Max von Bayern und Cousine des späteren Kaisers Franz Joseph geboren. Sie wuchs unbeschwert auf. Nach ihrer Hochzeit mit Franz Joseph 1854 musste sie sich dem Wiener Hofprotokoll anpassen und erfüllte ihre Pflichten nur widerwillig. Anfangs aus gesundheitlichen Gründen begann sie zu reisen und verbrachte kaum mehr Zeit in Wien. Um ihren Körper betrieb sie einen aufwendigen Kult. Sie war 1,72 m groß, wog ca. 50 kg und hatte einen Taillenumfang von nur 46 cm. Sie hielt strenge Diät und betrieb übermäßig viel Sport. Die tägliche Haarpflege dauerte mindestens zwei Stunden. Ab ihrem 32. Lebensjahr ließ sich Elisabeth nicht mehr fotografieren. Im September 1898 wurde sie in Genf von einem Attentäter mit einer Feile erstochen.

... und die Realität

Im Nachhinein werden Personen oder auch Ereignisse, die mit den Habsburgern zu tun haben, völlig verklärt und überzeichnet dargestellt. Dies und auch die Propaganda der Habsburger selbst bezeichnet man als Habsburgermythos. Die Faszination der Bevölkerung hält bis heute an.

5

Großmonument Mansudae *(Pjöngjang, Privatfoto, Fotograf Franz Niedertscheider, 2016)*

Das Denkmal wurde zur Erinnerung an den Unabhängigkeitskampf unter Kim Il-sung gegen die japanische Herrschaft über Korea errichtet. Es erstreckt sich über eine Gesamtfläche von 240 000 m². Das Zentrum bilden zwei etwa 20 Meter hohe Bronzefiguren von Kim Il-sung und seinem Sohn und Nachfolger Kim Jong-il. Die beiden Statuen sind die größten Monumente, die in Nordkorea bisher für ehemalige Staatsoberhäupter errichtet wurden.

AUFGABEN

1 Nenne zwei Möglichkeiten, Erinnerungen zu nutzen. Wer nutzt sie und wozu? A–B hp

2 Vergleiche 1 und 2. Was wollte der jeweilige Künstler deiner Meinung nach mit seinem Werk aussagen und/oder erreichen? Welche Fragen stellten sich die beiden Künstler möglicherweise, bevor sie mit ihrer Arbeit begannen? hp

3 Vergleiche die ersten 17:31 Minuten aus dem Film „Sissi" mit der Geschichtsdarstellung aus 4. Erkläre, warum gerade Mitte der 1950er Jahre der Sissi-Mythos einen massiven Aufschwung erlebte. Nutze das ganze Modul 6. 3 h

4 Erkläre, warum Statuen wie in 5 aufgestellt werden. Was wird damit ausgedrückt? B p

Die Gesellschaft ändert sich

Wie kann man das feststellen?

A Menschliches Zusammenleben wird erforscht

Die Wissenschaft von den Voraussetzungen, Abläufen und Folgen des Zusammenlebens von Menschen nennt man Soziologie. Statistiken und Befragungen dienen dazu, die Lebenssituationen von Gruppen zu verstehen und, wenn nötig, zu verbessern.

B Wir werden immer mehr

Die Bevölkerungszahl der Erde wächst stark. In manchen Teilen der Erde spricht man sogar von einer „Bevölkerungsexplosion". Die wichtigsten Ursachen für dieses Wachstum bestehen in einigen Regionen der Erde in einer laufenden Verbesserung der Versorgung mit Nahrung und Medizin. In anderen Teilen der Erde werden viele Kinder in der Familie als Sicherheit für die Versorgung bei Krankheit und im Alter gesehen. Kinder sind hier wichtige Arbeitskräfte, die ein wenig zum geringen Einkommen der Familie beitragen können.

C Wann sind wir zu viele?

Es gibt unterschiedliche Meinungen darüber, ab wann man von „Überbevölkerung" sprechen kann. Entscheidend ist dabei aber nicht die Bevölkerungszahl, sondern ob die Menschen ausreichend mit Wasser, Nahrung, Arbeitsplätzen und anderen Grundbedürfnissen versorgt werden können.
Andere entscheidende Fragen sind, ob die Ressourcen* der Erde für alle ausreichen werden und welche Folgen das Leben und die Versorgung aller Menschen mit den notwendigen Gütern für die Umwelt haben könnten.

1

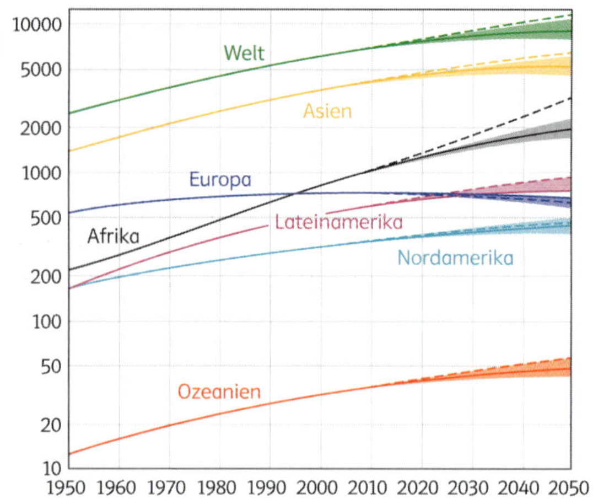

Die Entwicklung der Bevölkerungszahlen in den verschiedenen Erdteilen seit 1950 *(Statistik Austria)*

2

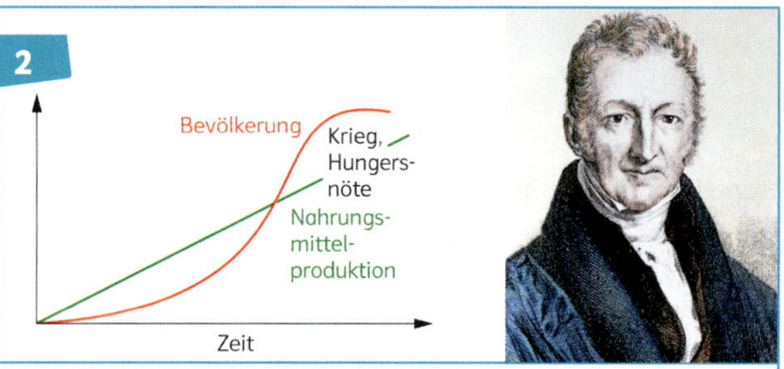

Thomas Robert Malthus und die „Tragfähigkeit der Erde" *(Gemälde, nicht datiert)*

Malthus meinte, dass die Bevölkerung viel rascher wachse als die Produktion von Nahrungsmitteln. Staaten wollten deshalb neue Gebiete erobern. Neue Methoden der Landwirtschaft haben größere Ernten gebracht und gezeigt, dass dieses Modell so nicht stimmt.

3

Werbung für Familienplanung in Senegal *(2013)*

Durch Empfängnisverhütung soll Überbevölkerung verhindert werden. In China war früher gesetzlich nur ein Kind erlaubt.

4

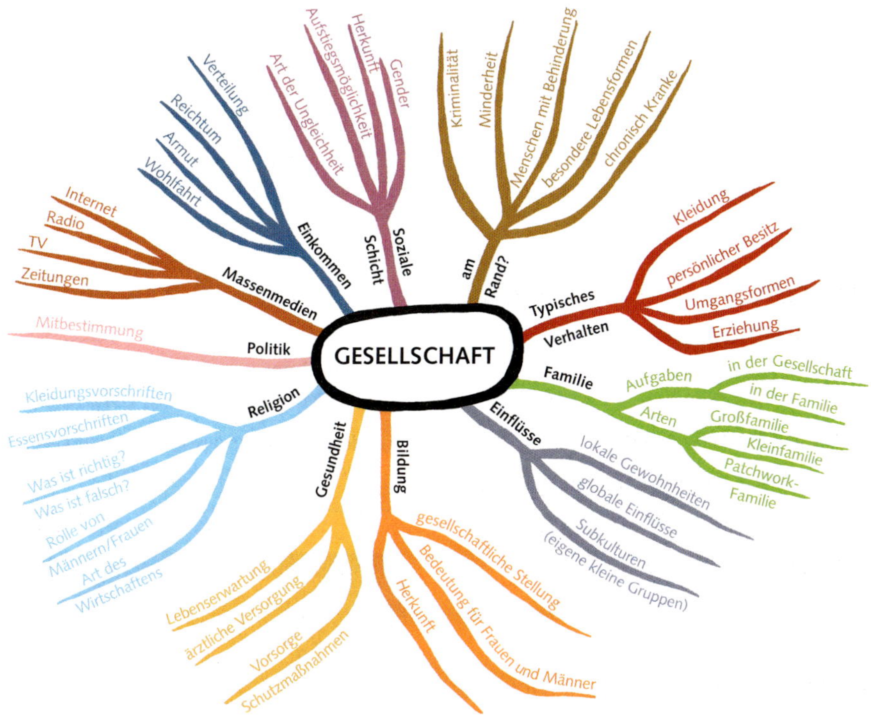

Veränderungen in der Gesellschaft

Die Lebensweise der Menschen verändert sich ständig.

5

„1,38 Milliarden Einwohner zählt China heute. Ohne Ein-Kind-Politik läge die Bevölkerungszahl heute bei zwei Milliarden. Es sei ein wesentlicher Grund für Chinas erfolgreiche Armutsbekämpfung gewesen, urteilte die Weltbank 2005 [und] zum Klimaschutz. Ohne sie wären […] rund 1,3 Milliarden Tonnen mehr Kohlendioxid in die Erdatmosphäre geblasen worden.
Es hatte indes seinen Preis: 300 Millionen Abtreibungen wurden in den vergangenen 30 Jahren vorgenommen – viele davon erzwungen […] Zudem steht China nun vor einem anderen Problem: Überalterung […] Bis 2030 soll die Zahl der über 60-Jährigen auf mehr als 300 Millionen steigen. Jeder vierte Chinese ist dann ein Greis. In TV-Spots wird nun die vierköpfige Familie idealisiert."

Quelle: China: Mehr Kinder für die Volksrepublik
(Die Presse 27.12.2015, gekürzt)

Lexikon

Ressourcen
lebenswichtige Rohstoffe, dazu auch Bildung, Wissen, Kapital und Zeit

AUFGABEN

1 Wiederhole, womit sich die Soziologie beschäftigt. A — hp

2 Erkläre, welche Einflüsse das Bevölkerungswachstum verändern können. B 1-5 — p

3 Formuliere einen kurzen Text zu 1 nach der Methode „Statistiken auswerten" auf Seite 131. — hp

4 Arbeite aus C und 2 heraus, wann man von Überbevölkerung sprechen kann. — p

5 Bewerte in der folgenden Aufzählung die zwei Maßnahmen, die die Politik entsprechend der Meinung von Malthus getroffen hat. Welche sind das?
gratis Lebensmittel – Erweiterung der Kolonien – Verbesserung des Straßennetzes – Kriege zur „Eroberung neuer Gebiete" – freie Einwanderung – Maßnahmen zur Senkung der Geburtenzahlen 2 — hp

6 Nenne für drei Äste der Mind-Map in 4 Veränderungen zwischen der Zeit deiner Großeltern und heute. — hp

Mediengesellschaft

Alles Computer?

A Die Industrie 4.0

Neue technische Entwicklungen haben nicht nur die Herstellung von Gegenständen immer wieder verändert. Sie verändern auch immer wieder die Lebenswelt der Menschen.
In der Arbeitswelt entstehen neue Berufe, während andere verschwinden. Das hat Einfluss auf die Anforderungen an Arbeitskräfte. Nicht entsprechend Ausgebildete werden oft arbeitslos.
Hinter der „4. Industriellen Revolution“ steht das Interesse, immer besser und billiger zu produzieren. Es wird befürchtet, dass so immer mehr Arbeitsmöglichkeiten verloren gehen. Viele Menschen hätten dann kein Einkommen mehr. Dadurch bekämen Staaten immer weniger Steuern und könnten so auch ihre sozialen Aufgaben nicht mehr erfüllen.
Diese Folgen durch die Veränderungen der Arbeitswelt werden politisch diskutiert. Wie kann man die Lebensqualität für alle in Zukunft sichern?

B Macht ohne Verantwortung?

Neue Möglichkeiten der Kommunikation verändern auch die Politik. Durch die verschiedenen Möglichkeiten, über das Handy Informationen und Bilder auszutauschen, ist es für viele leichter geworden, Politik zu beeinflussen. Lange Zeit konnten mächtige Personen leichter kontrollieren, was das Volk erfahren durfte.
Politikerinnen und Politiker sind nun genauso in den sozialen Plattformen aktiv wie Bürgerinitiativen*. Manche Regierungen sperren den Zugang zu Medien, die regierungskritische Informationen enthalten könnten.

1

<u>4. Industrielle Revolution</u> („Industrie 4.0“): in der Gegenwart – „Internet der Dinge“

<u>3. Industrielle Revolution:</u>
1969 erste programmierbare Steuerung; Computereinsatz in Produktion und Kommunikation

<u>2. Industrielle Revolution:</u>
1870 Fließband; Massenproduktion; Elektromotoren

<u>1. Industrielle Revolution:</u>
1784 erster mechanischer Webstuhl; Dampfmaschinen

Internet der Dinge

Produktion wird immer mehr mit Kommunikationstechnologie verbunden. So sollen Maschinen ihre Arbeit selbst steuern und verbessern. „Intelligente“ Gegenstände sollen das Leben bequemer machen (zum Beispiel: Der Kühlschrank bestellt selbst, wenn die Milch ausgeht; Maschinen kontrollieren sich selbst und verbessern selbsttätig Fehler, …).

2

Ohne Medien keine Unterstützung
(Kampf für Pressefreiheit, Pressefoto, Fotograf Michael Körner, 2009)

Verschiedene Interessensgruppen versuchen, ihre Ideen zum Beispiel durch Pressekonferenzen bekannt zu machen. Wenn das gelingt, können sie großen Einfluss auf die Politik eines Staates gewinnen.

Ob Journalistinnen und Journalisten über eine Pressekonferenz berichten und wie sie das tun, ist entscheidend. Daher wird immer wieder versucht, darauf Einfluss zu nehmen. In vielen Staaten gibt es eine Zensur. Dem Staat unangenehme Journalistinnen und Journalisten werden oft eingesperrt und manchmal sogar getötet.

3

Gemeinsames Hören einer Schulfunksendung 1953 *(Pressefoto, Frankfurt)*

Auch in Österreich werden seit 1932, besonders seit den 1950er Jahren, regelmäßig Sendungen für den Unterricht ausgestrahlt. Dazu musste ein Radio in die Klasse gebracht werden. 1984 wurde der Schulfunk durch andere Sendungen abgelöst.

4

Wirtschaft und Medien verändern die Gesellschaft *(Schulklasse in Mayrhofen, Einsatz von Laptops im Unterricht, Fotograf Christian Pawelka, 2017)*

Informatikunterricht, Laptop und Smartphone ermöglichen neue Unterrichtsmethoden. Der Zugang zu Informationen ermöglicht selbstständiges Lernen. Dazu braucht man leistungsfähige Geräte, die nicht allzu teuer sind.

5

Konsumgesellschaft – alles super? *(Zeichnung, Eric Schopf, 2017; Symbolbild, 2008)*

Konsumgesellschaft nennt man eine Gesellschaft, in der man möglichst viele Wünsche durch Kaufen erfüllen kann. Das ist nur möglich, wenn genug Einkommen vorhanden ist. Je mehr Dinge konsumiert werden, desto mehr Rohstoffe und Energie werden verbraucht und die Umwelt geschädigt. Beim derzeitigen Wachstum der Bevölkerung und des Konsums brauchen wir bald drei Erden.

Lexikon

Bürgerinitiative
ist ein Zusammenschluss mehrerer Personen zur Verhinderung oder zur Durchsetzung eines bestimmten Zieles.

AUFGABEN

1 Beschreibe, warum durch die 4. Industrielle Revolution die Einnahmen des Staates sinken könnten. A — p

2 Erkläre, warum durch die industriellen Veränderungen immer wieder Arbeitsplätze in der Güterproduktion verloren gehen können. A 1 — p

3 Bewerte die Bedeutung der Journalistinnen und Journalisten in Hinblick auf Informationen über Politik an die Bevölkerung. B 2 — hp

4 Arbeite aus 3 und 4 heraus, welche Fragestellung dazu führte, dass diese beiden Fotos gemacht und sie hier nebeneinander gestellt wurden. Was beabsichtigten die Fotografen und die Autorin/die Autoren damit? — hp

5 Interpretiere die Karikatur in 5 nach der Methode „Karikaturen verstehen“ auf Seite 130. Erkläre, wie das Bild der Weltkugeln und die Aussage „Nur mehr Konsum schafft Arbeitsplätze“ mit der Karikatur inhaltlich zusammenhängen. — p

Die Vielfalt der Gesellschaft

Unterschiede und Gemeinsames

A Die Gesellschaft ist ein Puzzle

Als Gesellschaft bezeichnet man alle Menschen, die in einem Gebiet gemeinsam leben. Sie hat wie ein Puzzle viele Teile, zum Beispiel: Männer und Frauen, Kinder und alte Leute, Menschen mit unterschiedlichen Sprachen und Religionen, mit unterschiedlichen politischen Einstellungen und unterschiedlichem Einkommen.
Die Soziologie beschäftigt sich auch mit dieser Vielfalt in der Gesellschaft.

B Nicht alle haben die gleichen Chancen

Wirtschaftliche Ungleichheiten in der Gesellschaft werden unterschiedlich bewertet. Lange Zeit wurden sie von vielen als Teil einer göttlichen Ordnung hingenommen. Doch es gab auch Menschen, die es für ungerecht hielten, dass manche arm und manche reich waren.
Bis heute ist es ein politisches Problem, ob und wie man diese Unterschiede bekämpfen soll. Sollen alle gleich viel Vermögen haben? Kann das überhaupt funktionieren? Genügt es, den Armen ein wenig zu helfen? Oder sind die Armen selbst schuld?
Wer arm ist, kann nicht nur weniger kaufen, Armut wirkt sich auf das ganze Leben aus.

C Der Wohlfahrtsstaat

In den europäischen Staaten versucht die Politik auf unterschiedliche Weise, nicht nur die Armut zu verhindern (Sozialstaat). Auch die gesellschaftlichen Unterschiede sollen ausgeglichen und die Chancen auf Bildung und Kultur für alle möglichst gleich sein. Ein großes Problem dabei sind die Kosten des Sozial- oder Wohlfahrtsstaates. Dafür braucht es sichere und hohe Steuereinnahmen.

1

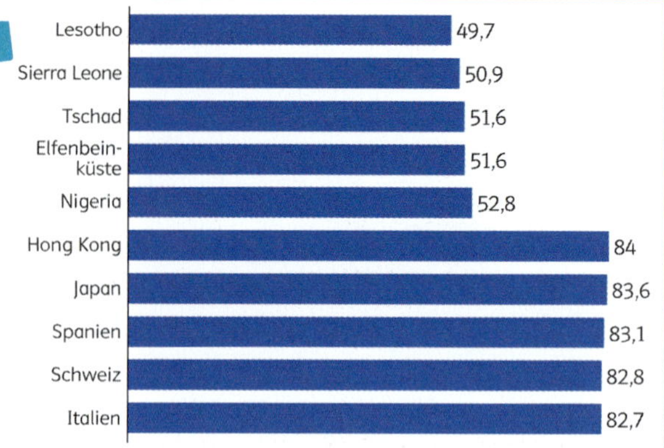

Geringste und höchste Lebenserwartung in Jahren bei der Geburt *(Stand: 2015, World Bank, Nationale Statistische Ämter, Statista, 2016)*

Wichtigste Voraussetzungen dafür, ein höheres Alter zu erreichen, sind zum Beipiel: Gesundheitsversorgung, ausreichende Ernährung, gesunde Umwelt und eine gesunde Lebensweise. Dazu sind wirtschaftliche Sicherheit und entsprechende Bildung nötig.

2

Sozialleistungen für den inneren Frieden *(zum Beispiel: Ausschreitungen bei einer Demonstration gegen die Kürzung von Sozialleistungen, Belgien, Pressefoto, 2016)*

Menschen, die sich benachteiligt fühlen und keine Hoffnung auf Arbeit und Einkommen haben, sind rascher bereit, Gewalt anzuwenden. Sie sind dann auch eher bereit, radikalen Politikerinnen und Politikern zu folgen. Deshalb sind Sozialleistungen ein wichtiger Beitrag zum Frieden und zur Sicherheit in einem Staat.

3 *Die Vertretung der Arbeitnehmerinnen und Arbeitnehmer (Mitgliedschaft verpflichtend; Ausnahme: öffentlicher Dienst)*

AK ÖSTERREICH

Die Arbeiterkammern beraten: Lehrlinge über Berufsausbildung und Jugendbeschäftigung, Arbeitnehmer bei Problemen am Arbeitsplatz und bei Steuerfragen, Konsumenten über Garantieleistungen und Rücktrittsrecht.
Sie organisieren auch Preisvergleiche.

Die Vertretung der Arbeitgeberinnen und Arbeitgeber (Mitgliedschaft verpflichtend)

WKO WIRTSCHAFTSKAMMER ÖSTERREICH

Die Wirtschaftskammern verhandeln auf Arbeitgeberseite die Kollektivverträge (Lohn), betreiben die Lehrlingsstellen (Protokollierung der Lehrverträge), beraten die Unternehmen bei der Gründung des Unternehmens und bei Rechtsfragen, führen die Wirtschaftsförderinstitute (WIFIs) mit ihren Weiterbildungsangeboten.

Vertretung der Arbeitnehmerinnen und Arbeitnehmer (Mitgliedschaft freiwillig)

ÖGB

Die Gewerkschaften verhandeln auf Arbeitnehmerseite die Kollektivverträge: Diese enthalten unter anderem Mindestlöhne für die jeweiligen Berufsgruppen. Sie bieten Rechtsschutz und Beratung bei Problemen am Arbeitsplatz, schulen die Betriebsrätinnen und Betriebsräte, organisieren Weiterbildungsangebote und setzen sich für Verbesserungen der Arbeitsbedingungen ein.

Vertretung der landwirtschaftlichen Unternehmen (Mitgliedschaft verpflichtend)

lk landwirtschaftskammer österreich

Die Landwirtschaftskammern sorgen für das landwirtschaftliche Genossenschaftswesen, entwickeln das landwirtschaftliche Schulwesen und sorgen für Rechtsberatung und Fortbildung der Bauern, insbesondere in den Bereichen pflanzliche und tierische Erzeugnisse sowie Forstwirtschaft.

Die österreichische Wirtschafts- und Sozialpartnerschaft. Wer arbeitet dort zusammen?

4

Verhandlungen statt Arbeitskampf – Österreichische Wirtschafts- und Sozialpartnerschaft *(Der Präsident des Österreichischen Gewerkschaftsbundes Anton Benya und Rudolf Sallinger, der Präsident der Bundeswirtschaftskammer, einigen sich über Löhne, 1986).*

Nach dem Zweiten Weltkrieg gelang es meist, Arbeitskämpfe und Streiks zu vermeiden und gemeinsam die österreichische Wirtschaft wieder aufzubauen.

5 „Am 26. September um 11 Uhr übergibt das Verhandlungsteam der Gewerkschaften […] in der Wirtschaftskammer Österreich das Forderungsprogramm für die Kollektivvertragsverhandlungen an die Arbeitgeberverbände […]
Im vergangenen Jahr schafften es die Gewerkschaften wieder, einheitliche Abschlüsse zu erreichen. Die insgesamt 180.000 Beschäftigten bekamen um 1,5 Prozent mehr Lohn, die Freizeitoption (keine Erhöhung und dafür mehr Freizeit) und einen freien Tag am 31. Dezember. Insgesamt waren 16 Verhandlungsrunden erforderlich. […]“

Quelle: Bericht zu Lohnverhandlungen *(Wiener Zeitung, 14.9.2016, gekürzt)*

AUFGABEN

1 Arbeite heraus, welche gesellschaftlichen Unterschiede durch soziale Maßnahmen des Staates gemildert werden könnten. Nenne zwei Beispiele. A–C

2 Erkläre, warum die Lebenserwartung in ärmeren Staaten viel geringer ist als in Industriestaaten. C 1

3 Erkläre, warum das Streichen von Sozialleistungen zu Demonstrationen führen kann. Wieso können radikale Parteien dadurch Stimmen gewinnen? C 2

4 Stelle fest, in welchen Bereichen die Sozialpartner unterschiedliche Standpunkte haben können. 3

5 Beschreibe, welche Vorteile die Sozialpartnerschaft für Österreich hat. Ist der Zeitungsbericht deiner Meinung nach objektiv oder bevorzugt er eine Seite? 4–5

Rollen in der Gesellschaft

Typisch Frau – typisch Mann

A Was macht aus uns Frau oder Mann?

Die Soziologie unterscheidet zwischen dem „biologischen Geschlecht“ (= körperliche Merkmale von Frau und Mann) und dem „sozialen Geschlecht“, das auch als „Gender“ bezeichnet wird.
Mit Gender meint man alle Einflüsse durch die jeweilige Kultur und Gesellschaft, durch die von Frauen und Männern ein bestimmtes Verhalten (= Rollenbild) erwartet wird.

B Ich mache, was ICH will – oder?

Unser Verhalten wird durch Rollenbilder beeinflusst. Diese haben sich im Laufe der Geschichte immer wieder verändert. Sie sind von vielen unterschiedlichen Dingen abhängig, wie zum Beispiel:

- Herkunft (Stadt, Land, Staat, Religion, …)
- Familie (Vorbild , Erwartung an Tochter/Sohn, …)
- Gender („Buben sind …“, „Mädchen sind …“)
- Anerkennung durch andere („Peer group“ = Gleichaltrige mit gemeinsamen Interessen, Eltern, Sport, …)
- Gesellschaftliche Kontrolle („Das macht man nicht!“, …)
- Öffentlichkeit

Diese vielen Einflüsse erschienen manchen Forscherinnen und Forschern für unser Leben bedeutender zu sein als das biologische Geschlecht.

1

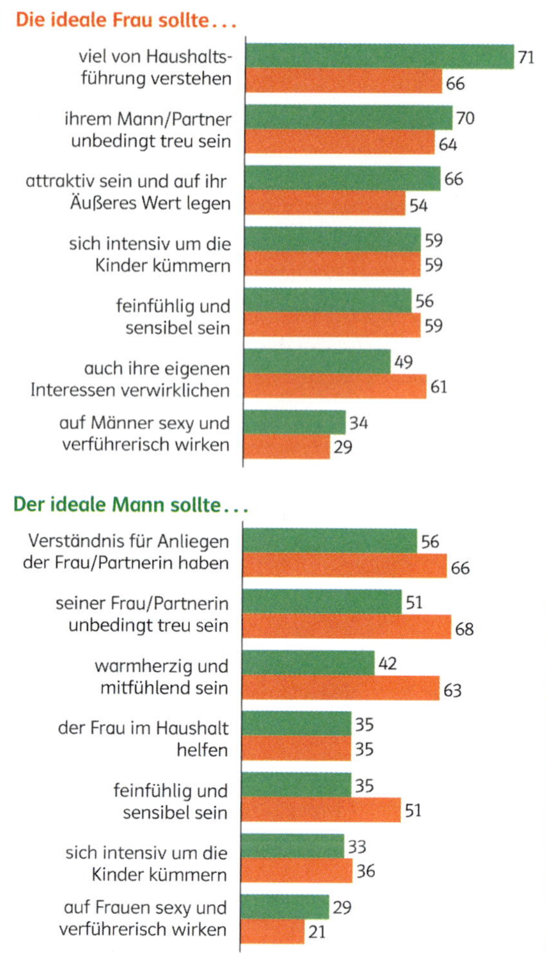

Umfrage zum Idealbild von Frau und Mann in Österreich zum Valentinstag 2010 *(Die Presse, 1. Februar 2010, Imas, Daten der Grafik: Die Presse)*

Die Umfrage erfolgte unter Österreicherinnen und Österreichern ab 16 Jahren, Zustimmung in Prozent.

2

Wer kann oder muss was wo anziehen? *(Schottische Festkleidung, Geschäftsanzug, Symbolfotos)*

Kleidungsvorschriften richten sich nach gesellschaftlichen Traditionen, die sich immer wieder verändern können.

3

Männlichkeit? Weiblichkeit? Traditionell? Modern? – Verschiedene Rollenbilder *(Zeichnung, 2016)*

4

Die „gefährlichen Frauen“ in Märchen und Sagen
(Postkarte, 1927, Deutschland; Holzschnitt, 1490)

Hexen sind angeblich mit dem Teufel im Bund, sie können zaubern und sind sehr bösartig. Die Lorelei sitzt auf einem Felsen über dem Fluss Rhein und verwirrt mit ihrem Gesang die Männer auf den Schiffen so sehr, dass das Schiff an einen Felsen stößt und untergeht.
In vielen Märchen und Sagen gibt es ähnliche Frauenfiguren. Böse Zauberer oder Hexer kommen viel seltener vor.

AUFGABEN

1 Erkläre in eigenen Worten, was „Gender“ bedeutet, und gib zur Aufzählung in **B** drei Beispiele, wodurch Verhalten und Rollenbilder beeinflusst werden können. **A** — p

2 Nimm Stellung zu der Umfrage in **1**. Hältst du die genannten Eigenschaften für wichtig? — p

3 Beschreibe die Eigenschaften der in **4** gezeigten Märchenfiguren. Wodurch könnten solche Geschichten Einfluss auf Rollenbilder haben? **2** — hp

4 Arbeite in **3** jene Eigenschaften heraus, die erst seit kürzerer Zeit modern sind. Begründe deine Zuordnung. — p

5 Entwirf eine eigene Darstellung darüber, wie sich Rollenbilder für Frauen oder Männer seit der Zeit deiner Großeltern verändert haben. **A–B** **1–4** — hp

Gesellschaft in Bewegung

Das wollen wir (nicht)!

A Mitbestimmung – Grundlage der Demokratie

Widerstand gegen politische Entscheidungen oder gegen die Benachteiligung sozialer Gruppen ist schwierig. Gruppen, die bestimmte Forderungen durchsetzen wollten, wurden nicht nur in der Vergangenheit unterdrückt und verfolgt.
In einer demokratischen Gesellschaft gibt es aber das Recht, seine Überzeugungen in der Öffentlichkeit zu vertreten, wenn sie den allgemeinen Menschenrechten entsprechen. Trotzdem ist es nicht immer leicht, die Wünsche der einen Gruppe gegen die Überzeugungen einer anderen Gruppe durchzusetzen.

B Direkte Demokratie

In Demokratien wird die Gesetzgebung durch Wahlen Personen anvertraut, die in einem Parlament die Politik eines Staates bestimmen (indirekte Demokratie).
Menschen, die mit Entscheidungen der Regierung nicht einverstanden sind, können in Österreich die Aufmerksamkeit der Öffentlichkeit auf ihr Anliegen lenken. Sie können Bürgerinitiativen gründen, Pressekonferenzen und Demonstrationen abhalten oder durch Leserbriefe, Protestschreiben und das Sammeln von Unterschriften aktiv werden. So kann es schließlich zu Volksbegehren* und Volksabstimmungen kommen.
Bei unterschiedlichen Meinungen zu einem Problem kommt es zu Auseinandersetzungen, die nicht immer gewaltfrei verlaufen. Weltweit wird immer noch um Gesetzesänderungen zur Durchsetzung von Menschenrechten gekämpft. Hier haben auch „NGOs" große Bedeutung. Dieser Kampf fordert oft große Opfer.

1

Zum Beispiel: Die Friedensbewegung *(Symbole und Aktionen für Frieden und Abrüstung, „Ostermarsch" seit den 1950er Jahren; Skulptur von Carl Fredrik Reutersward vor dem UNO Hauptquartier; Symbol für Atomabrüstung, Fotos, 2015)*

Die moderne Friedensbewegung wuchs nach dem Zweiten Weltkrieg und ab etwa 1965 (gegen den Vietnamkrieg) besonders an. Der Kalte Krieg und die Angst vor der Atombombe standen hier im Vordergrund. Seither haben sich Gruppen mit unterschiedlichen politischen Ansichten verschiedenen Friedensbewegungen angeschlossen.
Leider konnten diese Bewegungen Kriege bisher nicht verhindern. Anhänger von Friedensbewegungen haben auch mächtige Gegner.

2

Zum Beispiel: Die Umweltbewegung *(Demonstration verschiedener NGOs vor dem Wiener Parlament, Pressefoto, Fotograf Michael Gruber, 2015)*

In den letzten Jahrzehnten haben sich immer mehr Menschen für den Umweltschutz eingesetzt. So wird einerseits versucht, einzelne Landschaften als Lebensraum für Pflanzen und Tiere zu erhalten oder Atomkraftwerke zu verhindern. Andererseits werden viel größere Anstrengungen für den Klimaschutz verlangt. Auch hier stößt man auf viel Widerstand aus wirtschaftlichen Interessen. Jede und jeder soll zum Umweltschutz beitragen, zum Beispiel durch Mülltrennung und Recycling.

3

a

b

c

d

d

e

Zum Beispiel: Die Frauenbewegung

Ab dem 19. Jahrhundert kämpften immer mehr Frauen darum, ein Recht auf Bildung zu haben, das Wahlrecht zu erhalten und die gleichen Rechte wie Männer zu erlangen. Die Vorherrschaft der Männer, das Patriarchat, sollte überwunden werden. Der Internationale Frauentag (jetzt am 8. März) soll an die Forderungen nach gleichen Rechten für die Frauen erinnern.

a) *Patriotischer Frauenklub 1793 (Holzstich von 1840); politische Aktionen in der Französischen Revolution*

b) *Bergarbeiterinnen protestieren in GB unter Führung von Mrs. Wood, der Frau des Bürgermeisters von Wigan, auf dem Weg zu Innenminister Churchill in London gegen ein geplantes Gesetz zur Einschränkung der Arbeit von Frauen in Bergwerken.*

c) *Marianne Hainisch 1885; Frau eines Unternehmers, Begründerin und Führerin der österreichischen Frauenbewegung, Initiatorin des Muttertages, aktiv für Frauenbildung*

d) *Eine Suffragette* demonstriert 1917 in Washington D.C. für die Freilassung verhafteter Frauenrechtlerinnen. 2017 erinnern protestierende Frauen in London, dass noch immer Frauen benachteiligt werden.*

e) *Johanna Dohnal 1994 (rechts im Bild); erste Ministerin für Frauenangelegenheiten 1990–1995. Sie setzte sich für die Erweiterung der seit den 1970er Jahren gesetzlichen Gleichberechtigung der Frauen ein.*

Lexikon

Suffragette
Suffragetten waren im 20. Jahrhundert mehr oder weniger organisierte Frauenrechtlerinnen in Großbritannien und in den USA. Die Bezeichnung Suffragette kam vom englisch-französischen Wort „suffrage", das übersetzt „Wahlrecht" bedeutet.

Volksbegehren
Bei einem Volksbegehren möchte eine Anzahl Wählerinnen und Wähler erreichen, dass das Parlament ein bestimmtes Gesetz beschließt. Wird der Antrag von mehr als 100 000 Menschen in Österreich unterschrieben, muss sich der Nationalrat damit beschäftigen. Das bedeutet aber nicht, dass ein diesbezügliches Gesetz auch beschlossen werden muss.

AUFGABEN

1 Beschreibe den Unterschied zwischen der indirekten und der direkten Demokratie. Erkläre, weshalb in Staaten, die nicht demokratisch sind, Mitbestimmung schwierig und gefährlich sein kann. A-B hp

2 Arbeite aus A-B und 1-3 heraus, mit welchen Mitteln versucht werden kann, politisch mitzubestimmen. p

3 Vergleiche die drei hier kurz vorgestellten Bewegungen. Welche Ziele könnten sie gemeinsam anstreben? Wer könnten jeweils die Gegnerinnen und Gegner sein? 1-3 p

4 Gestalte eine Wandzeitung zum Thema „Anliegen der Frauenbewegung im Laufe der Zeit" nach der Methode „Erstellen einer Wandzeitung" auf Seite 130. hp

7

Basis

1

Arbeite aus dem Zeitungsartikel heraus, welche Maßnahmen zur Bekämpfung der Armut genannt werden. **hp**

„OECD-Ökonom Michael Förster sieht auch für Österreich Reformbedarf. ‚Dass die Ungleichheit in anderen Ländern steigt, in Österreich aber nicht, ist nicht unbedingt ein Erfolg', sagt er. Am wichtigsten sei es, Frauen in die Erwerbsarbeit zu bringen. In Österreich arbeiten 69 Prozent der Frauen, in Island sind es 83 Prozent. Auch Arbeit werde steuerlich zu stark belastet, sagt Förster, ‚Vermögen und Erbschaften höher zu besteuern, ist jedenfalls eine Überlegung wert.' […]
Die OECD fordert, Besserverdiener und internationale Konzerne stärker zur Kasse zu bitten. In untere Einkommensschichten investiert, würde das Geld Vorteile für alle bringen, auch für jene ganz oben."

Quelle: OECD: Organisation für wirtschaftliche Zusammenarbeit und Entwicklung mit 35 Mitgliedern *(Schere zwischen Arm und Reich geht weiter auf, Der Standard, 21. Mai 2015, gekürzt; Donaupark, Wien, Agenturfoto, Fotograf Willifred Gredler-Oxenbauer, 2017)*

2

Stelle fest, wodurch sich die auf dem Plattencover gezeichnete Szene von einem Treffen im Freien heute unterscheidet (Kleidung, Musik hören, …). **h**

Ein Plattencover wie aus den 1960er Jahren
(Thomas Przygodda, 2012)

3

a) Was ist der Equal Pay Day? **p**

b) Erkläre, was mit der Karikatur gezeigt werden soll. **p**

c) Entspricht der Text zum Equal Pay Day der Aussage der Karikatur? Auf welche Quelle bezieht sich der Text? **p**

Der Equal Pay Day *(Die Zahlen basieren auf dem Bericht der Statistik Austria, Lohnsteuerdaten – Sozialstatistische Auswertungen, erstellt am 15.01.2016; Zeichnung von Eric Schopf, 2017)*

Der Equal Pay Day macht deutlich, wie viele Tage Frauen zusätzlich arbeiten müssen, um jenen Betrag zu verdienen, den Männer bereits am Ende des Vorjahres in der Tasche hatten. Da Frauen in Österreich 17,96 Prozent weniger verdienen als Männer, müssen sie auch 17,96 Prozent oder 47 Tage länger arbeiten.

→ AH S. 55–57

Plus

4

Interpretiere die Abbildung nach der Methode „Ein Denkmal entschlüsseln“ auf Seite 93 im Schulbuch. Erkläre, weshalb 1934 das Denkmal mit den Zeichen der Vaterländischen Front (gegründet von Christdemokraten und Heimwehr) verhängt wurde (Seite 17). *(Großes Bild: Republikdenkmal, Agenturfoto, Fotograf Helmut Meyer zur Capellen, 2011; kleines Bild: Pressefoto, Fotograf Albert Hilscher, 1934)* **hp**

5

Stelle kritisch dar, weshalb und wodurch sich die beiden Zeitungsberichte voneinander unterscheiden, die über dasselbe Ereignis schreiben. Welche steht den Sozialdemokraten (Arbeiterzeitung, 31. Jänner 1927) und welche den Frontkämpfern (= Gegner der Sozialdemokraten, Reichspost, 31. Jänner 1927) nahe? **hp**

„Von Frontkämpfern ermordet […] Für Sonntag wurde von der Sozialdemokratischen Partei in Schattendorf […] eine Volksversammlung […] einberufen […] Um etwa ½ 5 Uhr nachmittags […] sahen die Versammelten durch das Fenster die bereits vom Bahnhof einrückenden Schutzbundabteilungen. Plötzlich hörte man Schüsse fallen […] plötzlich stürzte ein Schutzbündler […] durch einen Kopfschuss von rückwärts erschossen […] Im selben Augenblick brach ein achtjähriges Eisenbahnerkind […] zusammen. Das achtjährige Kind war getötet […]“

„Ein blutiger Sonntag im Burgenland! Im Burgenland ist gestern Blut geflossen. Den Versuch der sozialdemokratischen Schutzbündler, die Frontkämpfer an ihrer erfolgreichen Werbetätigkeit zu hindern […] müssen zwei Menschen mit ihrem Leben und mehrere andere mit Verletzungen verschiedenen Grades bezahlen. Schattendorf und Mattersburg sind seit langem heißer Kampfboden […] [so] hat man gestern zum letzten Streich ausgeholt, zur Verhinderung einer Frontkämpferversammlung […].“

POLITISCHE BILDUNG

1

Wer entscheidet, was in Österreich Gesetz wird? *(Nationalrat, Foto, 2012)*

2

Wie demokratisch sind Schulen? *(Pressefoto, Fotograf Georg Hochmuth, 2009)*

3

Woher hast du Informationen über Politik? *(Foto, 2008)*

4

Ermöglicht Social Media mehr Mitbestimmung in der Politik? *(Foto, 2016)*

20. JAHRHUNDERT

1900 1905 1910 1915 1920 1925 1930 1935 1940 1945 1950 1955 196

Politische Mitbestimmung und Menschenrechte gibt es in Österreich, in der EU, aber nicht überall auf der Welt. Macht ist nie gleichmäßig verteilt, weder in der Schule, noch in Gemeinden, Bundesländern oder im Staat.
Wer sich informiert, kritische Fragen stellt, Hintergründe versteht und Folgen bedenkt, kann sich leichter ein Urteil bilden und für seine Meinung eintreten.
Die Zeitungen, Rundfunk und Fernsehen bringen Politik ins Wohnzimmer.
Moderne digitale Medien machen persönliche Kommunikation mit Politikerinnen und Politikern leichter.

(Österreichisches Parlament, Foto, 2016)

IMPULSE

1 Besprecht zu zweit, wo ihr schon mitbestimmen könnt und wo eure Eltern schon mitbestimmt haben.

2 Diskutiert in kleinen Gruppen, wie ihr euer Handy verwendet und welchen Zusammenhang es zur Politik geben könnte.

21. JAHRHUNDERT

965 1970 1975 1980 1985 1990 1995 2000 2005 2010 2015 2020 2025

Grundrechte

Menschenrechte sind universal*.

A Ein neuer Zugang zum Schutz der Menschenrechte

Bis zum Zweiten Weltkrieg war der Schutz der Menschenrechte die Angelegenheit jedes einzelnen Staates. Die Schrecken des Krieges führten dazu, dass die UNO 1948 die „Allgemeine Erklärung der Menschenrechte" (AEMR) verabschiedete. In 30 Artikeln wurden politische, wirtschaftliche, soziale und kulturelle Rechte formuliert, auf die jeder Mensch Anspruch hat. Sie bilden die Grundlage für viele internationale Dokumente, zum Beispiel die UNO-Menschenrechtskonvention*, die Kinderrechtskonvention, die Genfer Flüchtlingskonvention und die Antifolterkonvention. Die AEMR ist auch die Grundlage für Abkommen innerhalb der EU. In regelmäßigen Abständen kontrolliert die UNO die Einhaltung der Menschenrechte und schlägt bei Bedarf Maßnahmen zur Verbesserung vor. Verstöße können beim Europäischen Gerichtshof für Menschenrechte angeklagt werden.

B Die Grundrechte und Grundwerte in der EU

Mit dem Beitritt zur EU 1995 hat sich für die österreichische Bevölkerung durch die Freizügigkeit des Binnenmarktes vieles verändert: Österreicherinnen und Österreicher können in den EU-Mitgliedstaaten genau so wohnen und arbeiten wie im eigenen Staat, Produkte und Waren können ohne Einschränkungen innerhalb der EU verkauft werden, Dienstleistungen wie Telefonieren oder Flugreisen wurden billiger, eine weitgehend einheitliche Währung (Euro) erleichtert den Handel zwischen den Staaten. Für die österreichische Politik bedeutet der Beitritt, dass die nationalen Gesetze den Grundwerten der EU (festgelegt im Vertrag von Lissabon 2009) nicht widersprechen dürfen.

1

„– Förderung von Frieden, der Werte und des Wohlergehens der Völker der Union
– Raum der Freiheit, der Sicherheit und des Rechts ohne Binnengrenzen
– eine wettbewerbsfähige soziale Marktwirtschaft, die auf Vollbeschäftigung und sozialen Frieden abzielt
– Umweltschutz
– Bekämpfung von sozialer Ausgrenzung und Diskriminierung
– Förderung sozialer Gerechtigkeit, die Gleichstellung von Frauen und Männern, die Solidarität zwischen den Generationen* und den Schutz der Rechte des Kindes
– Schutz und Entwicklung des kulturellen Erbes Europas
– Wirtschafts- und Währungsunion, deren Währung der Euro ist."

Quelle: Werteverständnis im Reformvertrag von Lissabon 2009 *(Ausschnitt, österreichisches Parlament)*

Der Lissabon-Vertrag definiert die gemeinsamen Ziele der Union.

Durch die „Charta der Grundrechte" werden die demokratischen Rechte der EU-Bürgerinnen und EU-Bürger zusätzlich gestärkt. Es werden darin nicht nur traditionelle Grundrechte (Menschenrechte) gesichert, sondern auch politische und wirtschaftliche sowie soziale Rechte verankert.

2

Schulpartnerschaften *(Agenturfoto, 2016)*

Alle österreichischen Schulen (Volksschulen, NMS, AHS, BHS, Berufsschulen) können Schulpartnerschaften mit Schulen in allen EU-Staaten anstreben. Das EU-Programm Erasmus+ fördert und unterstützt diese Aktivitäten auch finanziell.

3 „Ich heiße Alessio und bin 11 Jahre alt. Ich lebe in der Altstadt von Palermo. Das ist eine Stadt in Sizilien. Meine Eltern und die älteren Geschwister sind arbeitslos. Gemeinsam mit zwei Freunden durchwühlen wir jeden Tag nach der Schule die Müllcontainer nach Alteisen. Dafür erhalten wir beim Schrotthändler 1,50 € pro Kilo. Normalerweise schaffen wir zusammen bis zu 5 kg pro Tag."

Quelle: Arbeit und Schule *(zitiert nach arte, VOXPOP Magazin vom 17.11.2014)*

4 **Kinderarbeit**
(Foto, 2014, Taranto)

Auch heute noch müssen viele Kinder ihre Familien unterstützen.

5 „[…] Eine christliche Privatschule in Großbritannien hat eine Sondergenehmigung zur Wiedereinführung der Prügelstrafe beantragt. Die Züchtigung von Kindern sei Teil ihrer religiösen Überzeugungen, erklärte die Leitung der Christian Fellowship School in Liverpool. […] Die Prügelstrafe an Schulen wurde in Großbritannien 1996 verboten. Die Liverpooler Schule sieht darin jedoch eine Einschränkung ihres Rechts auf freie Religionsausübung, wie Direktor Philip Williamson erklärte. […]"

Quelle: Privatschule will Recht auf Prügelstrafe
(Aus: der Standard, 3. Dezember 2004)

Lexikon

Konvention
Übereinkunft, Abkommen, Vertrag

Solidarität zwischen den Generationen
Die Potenziale älterer Menschen sollen wahrgenommen und für die Gesellschaft nutzbar gemacht werden. Zwischen den Generationen gibt es ein Verständnis füreinander.

universal
Jeder Mensch kann sich auf dieselben Menschenrechte berufen und jeder Mensch sollte die Geltung derselben Menschenrechte anerkennen.

6

Informationen über die EU *(Fotografin Heike Arlt, 2014)*

Nicht immer gelingt es den Politikerinnen und Politikern der eigenen Bevölkerung verständlich zu machen, warum sie sich in der EU für bestimmte Maßnahmen entschieden haben. Daher wird in den Medien oft Kritik geäußert. Manche Einwände sind berechtigt, andere nicht. Es ist wichtig, sich eine eigene Meinung zu bilden. Broschüren über die EU bieten sachliche Informationen. Man sollte aber auch Medienberichte (Zeitung, TV …) über aktuelle Entwicklungen in der EU verfolgen. Recherchen im Internet können deine Meinungsbildung unterstützen.

AUFGABEN

1 Arbeite heraus, warum die UNO die AEMR verlautbarten, wie ihre Einhaltung überprüft wird und warum sie universal ist. A (Lexikon) p

2 Partnerarbeit: Ermittelt die 30 Artikel der Menschenrechtsdeklaration. Vergleicht sie mit den Zielen der EU in 1. Welches Ziel passt zu welchem Artikel? A-B (Internet) p

3 Vergleiche Alessios Bericht in 3 mit den demokratischen Werten und Grundrechten in 1. Welche Schlussfolgerung ziehst du daraus? 4 p

4 2005 wurde der Antrag auf Prügelstrafe vom Gericht abgelehnt. Verfasse eine Stellungnahme, in der du dich begründet gegen die Prügelstrafe aussprichst. 5 p

5 Wähle ein Thema, das aktuell in der EU diskutiert wird. Analysiere, wie zwei österreichische Tageszeitungen oder TV-Sender darüber berichten. Verfasse einen Text darüber und bilde dir dein eigenes Urteil. B 2, 6 p

8

Räume für Demokratie

Direkt und indirekt

A Ich wähle – ich bestimme mit!

Wahlen sind ein wesentliches Merkmal der Demokratie und ermöglichen einen geregelten Machtwechsel. In Österreich wählen die stimmberechtigten Bürgerinnen und Bürger folgende politische Institutionen: Gemeinderat (Bürgermeisteramt), Landtag, Nationalrat, Bundespräsidentenamt und Europäisches Parlament. Sie haben ab 16 ein aktives und ab 18 Jahren ein passives Wahlrecht. Jugendliche können aber auch vor diesem Alter mitbestimmen, zum Beispiel in der Schülervertretung, in Jugendvertretungen oder durch die Teilnahme an Aktionen im öffentlichen Raum. Damit sind zum Beispiel Demonstrationen gemeint.

B Österreich – eine repräsentative Demokratie

In Österreich werden politische Entscheidungen meist nicht vom Volk selbst getroffen (direkte Demokratie), sondern Abgeordnete beschließen als Vertretung der Wahlberechtigten die Gesetze (indirekte oder repräsentative Demokratie). Die Abgeordneten werden in freien Wahlen gewählt. Eine Persönlichkeitswahl gibt es für das Bundespräsidentenamt und in einigen Bundesländern für das Bürgermeisteramt. Alle anderen Wahlen sind nach dem Listenwahlrecht organisiert. Einzelne Parteien kandidieren jeweils mit einer Liste von Kandidatinnen und Kandidaten. Die erhaltenen Stimmen werden dann in Mandate für den Gemeinderat, Landtag, Nationalrat oder das EU-Parlament umgerechnet. Diese „Parlamente“ sind die Basis der Demokratie. Sie wählen und kontrollieren die Regierung. Meist haben die Regierungsparteien die Mehrheit im Parlament, die Kontrolle wird von den Oppositionsparteien wahrgenommen.

1

Sitzungssaal des Nationalrats *(Pressefoto, Fotograf Michael Gruber, 2012)*

Der Nationalrat hat 183 Abgeordnete und wird für fünf Jahre gewählt.

Seine Aufgaben sind das Ausarbeiten, Diskutieren und Beschließen von Gesetzen. Durch Anfragen wird die Arbeit der Bundesregierung kontrolliert. Durch einen Misstrauensantrag kann die Amtsenthebung der Regierung oder einzelner Mitglieder erzwungen werden.

Bevor der Nationalrat einen Beschluss fasst, wird der Gegenstand in einem Ausschuss beraten. Dort sitzen fachkundige Abgeordnete, die zusammen mit Experten Gesetzesvorlagen entwerfen. In den monatlichen Plenarsitzungen stimmen alle Abgeordneten über diese Vorlagen ab.
Die Mitglieder des Bundesrates (die von den Landtagen der Bundesländer entsandt werden) kontrollieren die Gesetzgebung des Nationalrates und des EU-Parlaments.

2

Regierungsbank bei der Budgetrede des Finanzministers *(Pressefoto, Fotograf Roland Schlager, 2016)*

Die Regierung wird vom Nationalrat gewählt. Je nach Wahlergebnis gibt es eine Alleinregierung (eine Partei hat mehr als die Hälfte der Abgeordneten), eine Koalitionsregierung (zwei oder mehrere Parteien) oder eine Minderheitsregierung (eine Partei regiert ohne die Mehrheit der Abgeordneten). Zur Regierung gehören die Bundeskanzlerin oder der Bundeskanzler und die Ministerinnen und Minister. Sie verwaltet den Staat Österreich. Die wichtigste Aufgabe der Regierung ist die Vorbereitung von Gesetzesvorlagen. In der Bundesregierung herrscht das Einstimmigkeitsprinzip.

3

Demonstrationen von SPÖ-Frauen *(Pressefoto, Fotograf Herbert Pfarrhofer, 2009)*

1973 beschloss die SPÖ-Alleinregierung trotz heftigen Widerstandes der ÖVP und anderer Parteien die „Fristenlösung". Das Gesetz wurde damals unter dem Motto „Selbstbestimmungsrecht der Frau oder Mord?" heftig diskutiert. Mehr als 30 Jahre später sorgte der damalige ÖVP-Justizsprecher mit Reformvorschlägen zur Fristenlösung für empörte Reaktionen der SPÖ. Er verwies auf den Lebensschutz und forderte eine verpflichtende Bedenkzeit vor einer Abtreibung. Die damalige SPÖ-Frauenministerin warf der ÖVP daraufhin einen Rückschritt in der Frauenpolitik vor.

4

Schülerproteste in Wien gegen „Bildungsraub"
(Pressefoto, Fotograf Georg Hochmuth, 2009)

Von der 5. bis 8. Schulstufe wählt jede Klasse eine Klassensprecherin oder einen Klassensprecher. Ab der 9. Schulstufe wird auch eine Schulsprecherin bzw. ein Schulsprecher gewählt, die bzw. der mit zwei Stellvertretern im Schulgemeinschaftsausschuss ein Mitspracherecht hat. Alle im Parlament vertretenen Parteien haben auch eigene Schülerinnen- und Schülerorganisationen. Hier sind vor allem Schülerinnen und Schüler ab der 9. Schulstufe aktiv und bewerben sich um das Amt des Landesschulsprechers oder Bundesschulsprechers bzw. -sprecherin. Diese Organisationen sind meist auch hauptverantwortlich für Protestdemonstrationen gegen Entscheidungen der Politik im Bereich der Schule.

5

Wir können nicht wegen ein paar Bäumen und Fröschen auf alles verzichten. Die Natur ist dazu da, genützt zu werden!

Wer die Natur nicht schützt, macht früher oder später die Erde unbewohnbar! Da muss man eben auch auf manches verzichten!

Eine nachhaltige Nutzung, also eine, die uns ein angenehmes Leben sichert ohne die Natur zu zerstören … Das wäre super! Aber geht das?

Zum Nachdenken

AUFGABEN

1 Definiere den Begriff „repräsentative Demokratie" für Österreich. A-B

2 Arbeite heraus, welche Aufgaben der Nationalrat und die Bundesregierung haben. 1-2

3 Begründe deinen eigenen Standpunkt zum Thema „Wählen". A

4 Erkläre, warum die SPÖ 1973 das Gesetz zur Fristenlösung beschließen konnte, obwohl es von der Opposition stark kritisiert wurde. 3

5 Fasse zusammen, wie die Schülervertretung an deiner Schule organisiert ist. Beschreibe mindestens eine Situation, in der du Mitbestimmung in der Schule erlebt hast. 4

6 Arbeite in 5 heraus, welcher Kommentar für (F) und welcher gegen (G) Umweltschutz ist. Nimm Stellung zu diesen drei Aussagen.

7 Bewerte in einer persönlichen Stellungnahme, ob diese Doppelseite eine passende Überschrift hat.

Demokratie leben

Wir bestimmen mit!

A Neue Parteien gründen

Gewählte Abgeordnete sind in Österreich berechtigt, im Auftrag ihrer Wählerinnen und Wähler zu handeln und Entscheidungen zu treffen. Wenn diese mit den Entscheidungen unzufrieden sind, können sie bei den nächsten Wahlen eine andere Partei wählen bzw. eine neue Partei gründen oder unterstützen.
Erfolgreiche Parteineugründungen gelangen zum Beispiel den „Grünen" (1986), den „NEOS" (2012) und der „Liste Pilz" (2017).
Seit einigen Jahren verzichten immer mehr Menschen auf ihr demokratisches Mitspracherecht. Sie erkennen aber nicht, dass sie damit das demokratische System gefährden.

B Stimme erheben

Widerstand gegen politische Entscheidungen wurde seit den 1970er Jahren immer häufiger. Vor allem bei Großbauprojekten und Verkehrsfragen in Gemeinden wehrten sich die Bürgerinnen und Bürger gegen beschlossene Pläne.
Sie gründeten Bürgerinitiativen und organisierten Demonstrationen, schrieben Leserbriefe und Protestbriefe, bauten Informationsstände auf und sammelten Unterschriften für ihre Anliegen.
Betrifft ein Problem den gesamten Staat, können Bürgerinnen und Bürger ein Volksbegehren einleiten. Eine Form der direkten Demokratie ist die Volksabstimmung. Die Mehrheit der Wahlberechtigten entscheidet anstelle des Nationalrats. Volksabstimmungen gab es in Österreich erst zweimal: 1978 stimmten 50,5 Prozent gegen die Inbetriebnahme des Kernkraftwerks Zwentendorf. Im Juni 1994 waren zwei Drittel der Wahlberechtigten für den Beitritt Österreichs zur EU.

1

„Pressekonferenz der Tiere" *(Pressefoto, Fotograf Peter Kurz, Wien, 1984)*

Durch diese Versammlung am 7. Mai 1984 wurde gegen den geplanten Bau eines Wasserkraftwerkes protestiert. Für die Tier- und Pflanzenwelt der Donauauen bei Hainburg wurde ein besonderer Schutz verlangt. Bekannte Persönlichkeiten aus Politik und Kultur setzten sich für den Naturschutz ein.

2

Widerstand *(Foto, Fotograf Erwin Schuh, Hainburg/ Niederösterreich, 1984)*

Dezember 1984: Umweltschützerinnen und Umweltschützer protestierten in der Hainburger Au, indem sie die Bauarbeiten blockierten. Regierung und Gewerkschaft wollten den Bau des Kraftwerkes zur Sicherung der Stromversorgung und von Arbeitsplätzen durchsetzen. Sie setzten Polizei gegen die Demonstrantinnen und Demonstranten ein. Diese hatten aber große Unterstützung in der Bevölkerung und durch wichtige Zeitungen. Schließlich verordnete der damalige Bundeskanzler Fred Sinowatz eine „Denkpause". Diese politische Entscheidung und ein Volksbegehren führten zur Gründung des Nationalparks Donauauen.

3

AMNESTY INTERNATIONAL ◯

MEDECINS SANS FRONTIERES
ÄRZTE OHNE GRENZEN ◯

GREENPEACE ◯

ZARA
ZIVILCOURAGE UND ANTI-RASSISMUS-ARBEIT ◯

attac ◯

Logos von NGOs

Eine NGO vertritt wichtige gesellschaftliche Interessen, ist aber keiner Regierung unterstellt.
In NGOs arbeiten oft auch Menschen ehrenamtlich, das bedeutet, dass sie nichts bezahlt bekommen. Sie engagieren sich außerhalb von politischen Parteien für bestimmte Anliegen, die meist wichtig und richtig sind.
Die manchmal verwendete Sprache und umstrittene Methoden rufen aber auch Kritik hervor.
NGOs sind im Umweltschutz (1) tätig, beschäftigen sich mit Fragen der Menschenrechte (2) und engagieren sich gegen Rassismus (3). Sie kümmern sich um die medizinische Versorgung von Menschen in Krisengebieten (4) oder setzen sich für eine gerechte Ordnung der Weltwirtschaft (5) ein.

4

Volksbegehren Bildungsinitiative *(Pressefoto, Fotograf Alex Halada, 2011)*

2011 starteten Mitglieder von SPÖ und ÖVP das Volksbegehren Bildungsinitiative. Es wurde von fast 400 000 Österreicherinnen und Österreichern unterschrieben.
Die Initiatoren des Volksbegehrens forderten eine grundlegende Reform des Bildungswesens in Österreich vom Kindergarten bis zu den Universitäten. Ziele des Volksbegehrens waren:

- *Schule, die auf den Prinzipien Fordern und Fördern beruht*
- *Einführung einer gemeinsamen Schule für 10- bis 14-Jährige*
- *Ganztagsschulen*

AUFGABEN

1 Zähle auf, wie in einer repräsentativen Demokratie die Unzufriedenheit mit den Entscheidungen der Politik ausgedrückt werden kann. A 1, 4 p

2 Zähle einige Handlungsmöglichkeiten von Bürgerinitiativen auf. B p

3 Erkläre, warum eine kleine Zahl von Demonstranten das Vorhaben der Regierung in der Hainburger Au verhindern konnte. 2 p

4 Ordne in 3 die Zahlen den entsprechenden Logos zu. p

5 Gruppenarbeit: Prüfe mithilfe der Methode „Internet-Recherche" auf Seite 128 die Ziele und Aktionen je einer NGO aus 3. Vergleicht bei einer ausgewählten Aktion jeweils die Argumente der NGO und ihrer Gegnerinnen und Gegner und bewertet sie. p

6 Organisiert eine „Pro-und-Kontra-Diskussion" zum Thema „Kraftwerksbau in der Hainburger Au" nach der Methode auf Seite 130. 1-2 p

7 Stelle die Forderungen des Volksbegehrens in 4 deinem Schulalltag gegenüber. Verfasse einen Bericht. p

Medien machen Meinungen

Gedruckte und digitale Massenmedien beeinflussen unser Leben.

A Informationen aus vielen Quellen

Rundfunk, Internet, Fernsehen und Presse sind aus unserem täglichen Leben nicht mehr wegzudenken. Diese Massenmedien informieren, unterhalten und werben. Sie beeinflussen Meinungen und lenken Kaufentscheidungen. Sie sorgen oft auch dafür, dass Missstände im Bereich der Politik oder der Wirtschaft allgemein bekannt werden. Sie sind eine Art Kontrollorgan. Die Meinungsfreiheit und die Freiheit der Berichterstattung sind deshalb wichtige Grundrechte in einem demokratischen Staat.

B Nachrichten werden produziert

Für alle Medien arbeiten Nachrichtenagenturen. Ihre Mitarbeiterinnen und Mitarbeiter beobachten, was geschieht, sammeln Nachrichten, wählen Themen aus und bereiten sie zur Veröffentlichung vor. Zeitungen, Rundfunksender und Fernsehanstalten kaufen diese Berichte. Viele Redaktionen haben auch eigene Reporterinnen und Reporter, die selbst Recherchen durchführen.
Nachrichten können manipuliert werden: durch eine bestimmte Auswahl, die Art, wie man sie präsentiert, oder durch Verschweigen von wichtigen Informationen. Diese Problematik ist vielen Menschen oft nicht bewusst. Besonders deutlich treten diese negativen Seiten der Massenmedien bei Kriegen und in Diktaturen in Erscheinung. In einer Demokratie hat jeder Mensch die Möglichkeit, unter einer Vielzahl unterschiedlicher Medien zu wählen.
Ein weiteres Problem ist die durch das Internet erzeugte Informationsflut. Es wird immer schwieriger, wichtige Nachrichten von Falschmeldungen und vom „Info-Müll" zu unterscheiden.

1

Alles erlaubt? *(Werbeposter von Oliviero Toscani für Benetton, 1996)*

Schock und Irritation provozieren Aufmerksamkeit und die beworbene Marke ist in aller Munde: Der italienische Fotograph Toscani schockiert und fasziniert mit seinen Plakaten und Werbe-Einschaltungen. Er zeigte bereits Aidskranke, Geschlechtsteile, Todeskandidaten oder die Kleidung eines toten kroatischen Soldaten.
Toscani behauptet, mit seinen Fotos wolle er Menschen zum Nachdenken bringen.

2

Das Geschäft mit den Fake-News
(Quelle: www.br.de, 2017)

Justin Coler (40) verfasst seit 2013 Falschnachrichten im Internet. Im amerikanischen Präsidentenwahlkampf 2016 erfand er die Geschichte, dass ein Polizist, der an einer Untersuchung gegen die Kandidatin Hillary Clinton mitarbeitete, tot aufgefunden wurde. Der Artikel schien von der Zeitung „Denver Guardian" zu stammen. Diese Zeitung gibt es aber nicht.

Coler: „Alles an der Geschichte hatte ich mir ausgedacht: die Stadt, die Leute, den Sheriff, den Typen vom FBI – die Geschichte verbreitete sich wie ein Lauffeuer."

Mit jedem Click wurde seine Seite interessanter für Werbefirmen. So schafft er es, bis zu 40 000 Dollar pro Monat einzunehmen.

3

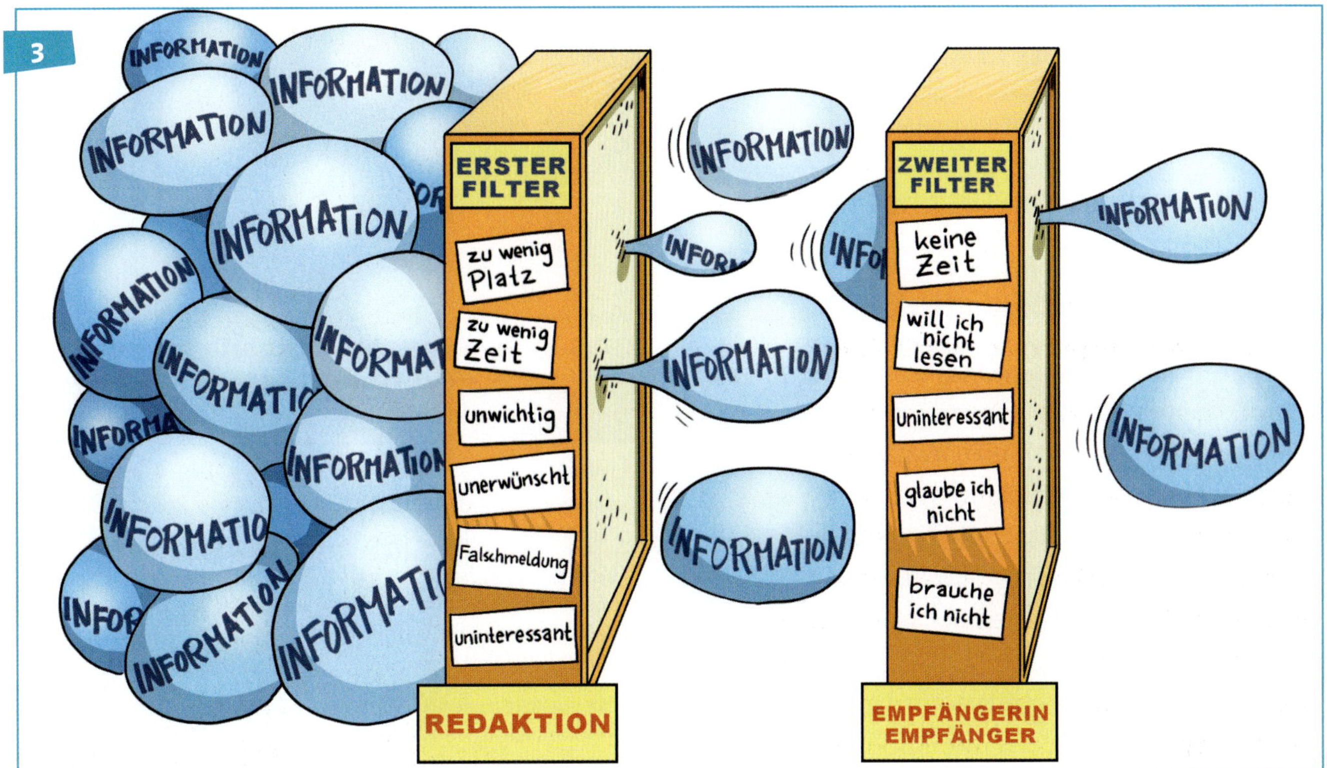

Wie viel wir aus der Fülle der Informationen erfahren

Von den unendlich vielen möglichen Informationen gelangen nur wenige in die Medien. Es hängt dann von uns ab, welche und wie viele Informationen wir aufnehmen.

4

digital natives	Personen, die mit digitalen Medien aufgewachsen sind
digital immigrants	Personen, die mit digitalen Medien erst im Erwachsenenalter in Berührung kamen
Simultan-nutzerinnen, -nutzer	Personen, die mehrere Medien sowohl digital als auch analog nutzen
Unter-haltungs-nutzerinnen, -nutzer	Personen, deren mediales Nutzungsverhalten hauptsächlich der Unterhaltung gilt
Informations-nutzerinnen, -nutzer	Personen, deren Mediennutzung vorrangig zur Beschaffung von aktuellen Informationen dient

Typen von Mediennutzung *(Auswahl, Informationen zur Politischen Bildung, Nr. 35, S. 51; Foto, 2017)*

AUFGABEN

1 Zähle Arten von Massenmedien auf, nenne konkrete Beispiele und arbeite heraus, welche Funktionen sie haben. A p

2 Erläutere mithilfe von B und 3, wie Nachrichten produziert und manipuliert werden können. p

3 Arbeite Argumente für und gegen die Werbefotos von Toscani heraus 1. p

4 Vergleiche die Berichterstattung über ein aktuelles politisches Thema in zwei verschiedenen Massenmedien. Verfasse einen kritischen Kurzbericht. Diskutiert die Darstellungsunterschiede in der Klasse. 2 p

5 Formuliere Vorschläge, wie du bei einer Meldung in den digitalen Medien überprüfen kannst, ob es sich um Fake-News handelt. p

6 Ordne dein persönliches Medienverhalten den Typen von 4 zu und begründe. p

Medien haben Macht

Medien sind Kommunikationsmittel.

A Wodurch bin ich „up to date"?

Soziale Netzwerke ermöglichen den Kontakt mit vielen Freundinnen und Freunden auf der ganzen Welt. Diese Netzwerke spielen mittlerweile auch eine große Rolle in der Politik.

Social Media*: Internetnutzerinnen und Internetnutzer haben die Möglichkeit, sich zu vernetzen. Die bekanntesten Social Media-Plattformen sind derzeit: Facebook, Twitter, YouTube, Snapchat und Instagram.

Blog: Ein Blog ist ein meist öffentliches Tagebuch oder Magazin, das auf einer Internetseite geführt wird. Durch Kommentare entsteht Kommunikation.

Open Content: Internetnutzerinnen und Internetnutzer erstellen den Inhalt einer Website gemeinsam. Das derzeit größte Open Content-Projekt ist das Internet-Lexikon Wikipedia.

B Braucht die Demokratie Medien?

Seit Mitte des letzten Jahrhunderts sind neben den Printmedien die elektronischen Medien allgegenwärtig. Diese Massenmedien beeinflussen Politik und Gesellschaft. Die Menschen haben durch die Medien mehr Einfluss auf die Politik. In demokratischen Gesellschaften werden Medien auch als „Vierte Gewalt" bezeichnet (neben Exekutive, Legislative und Judikative). Medien stellen einen wichtigen Teil des öffentlichen Lebens dar.

C Wie nutzt Politik Medien?

Politik richtet sich immer mehr nach den Bedürfnissen und Vorgaben von Massenmedien. Politikerinnen und Politiker informieren die Zeitungs- und Fernsehredaktionen über bestimmte Ereignisse. Sie hoffen auf die Gelegenheit, sich und ihre Botschaften in den Medien präsentieren zu können.

1

Teledemokratie*? *(ORF-Fernsehdiskussion mit allen Kandidaten und einer Kandidatin zur Präsidentschaft, Pressefoto, 2016)*

Viele Österreicherinnen und Österreicher beziehen ihre politischen Informationen hauptsächlich aus dem Fernsehen. Die politischen Botschaften werden nach der Formel „KISS" (keep it short and simple) gestaltet.

Der Auftritt in den Medien wird sorgfältig geplant. Die Inhalte werden festgelegt, Auftreten, Mimik und Gestik werden trainiert. Sogar Kleidung und Aussehen werden professionell geplant.

Spitzenkandidatinnen und Spitzenkandidaten wollen so oft wie möglich auftreten und ihre kurzen und einfachen Botschaften vermitteln. Dadurch kommen Informationen über wichtige und komplexe Sachthemen oft zu kurz.

2

Social Media Kanal	gesamt	männlich	weiblich
WhatsApp	94 %	93 %	95 %
YouTube	87 %	84 %	91 %
Facebook	69 %	71 %	67 %
Instagram	55 %	41 %	70 %

Jugend-Internet-Monitor 2016 *(Saferinternet.at*)*

Im Dezember 2015 wurden 407 Jugendliche im Alter von 11 bis 17 Jahren befragt.

3

Macht der Massenmedien

Vermittlungsgewalt
Sie können Meinungsäußerungen, Gastkommentare, Leserbriefe, Anzeigen und Werbung nach freiem Ermessen veröffentlichen.

Monopolgewalt
Verfügungsgewalt über Leser/innen, Hörer/innen und Seher/innen, wenn sie keine nennenswerten Alternativen haben.

Berichts- und Informationsgewalt
Sie können Nachrichten bevorzugen oder unterdrücken.

Bewertungs- und Beurteilungsgewalt
Sie können Personen, Ereignisse und Sachverhalte positiv und negativ würdigen.

Wie üben Massenmedien Macht aus?

4

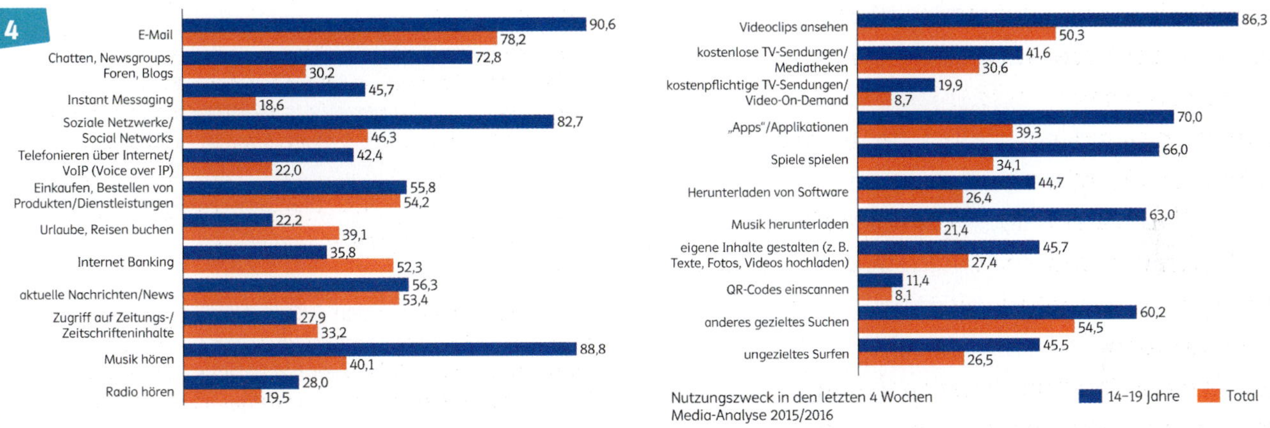

Nutzung von Medien *(Nutzerdaten in Prozent, Media-Analyse* 2015/2016, saferinternet.at)*

Lexikon

Media-Analyse
Die Media-Analyse ist die größte Studie zur Erhebung des Medienkonsums der österreichischen Bevölkerung. Ihre Ergebnisse beeinflussen die Höhe der Werbe- und Anzeigenpreise.

Saferinternet.at
Diese Initiative von EU, Familien- und Bildungsministerium unterstützt vor allem Kinder, Jugendliche, Eltern und Lehrpersonen beim verantwortungsvollen Umgang mit digitalen Medien.

Social Media
oder „Soziale Medien" dienen der Kommunikation und dem Informationsaustausch im Internet. Typische Anwendungen sind Foto- und Videoplattformen, Chats, Weblogs und Wikis. Bei einer herkömmlichen Webseite entscheidet die Anbieterin bzw. der Anbieter, was man zu sehen bekommt. Im Social Media-Bereich laden die Nutzerinnen und Nutzer die Inhalte hoch. Diese können dann von allen anderen kommentiert und weiter entwickelt werden.

Teledemokratie
Die Verbreitung von Informationen über politische Vorgänge und die Möglichkeit zur Beteiligung an politischen Entscheidungen mithilfe verschiedener Medien (TV, Handy, Internet ...) wird auch „Teledemokratie" genannt.

AUFGABEN

1 Zähle auf, welche „Social Media" du verwendest. Erstelle eine Tabelle, wie lange du dich täglich mit den einzelnen Medien beschäftigst. A 2 p

2 Erkläre, warum Massenmedien Macht haben. 3 p

3 Beurteile Vor- und Nachteile von „KISS". B-C 1 p

4 Interpretiere 4 nach der Methode „Statistiken auswerten" auf Seite 131. p

5 Gruppenarbeit: Verfasst eine Wandzeitung zum Thema: „Die Bedeutung der digitalen Medien im öffentlichen Leben und in der Politik in Österreich" nach der Methode „Erstellen einer Wandzeitung" auf Seite 130. A-C 1-4 p

Zusatzmaterial i27i8x

→ AH S. 62

Medien und Demokratie

Social Media macht Politik!

A Politik und Internet

Traditionell werden politische Botschaften mithilfe elektronischer Medien (Radio, Fernsehen) und Printmedien (Zeitungen, Zeitschriften, Plakate) öffentlich gemacht. Die Informationen der politischen Parteien werden von Journalistinnen und Journalisten ausgewählt und bearbeitet.
Das Internet und hier vor allem der Einsatz von Social Media veränderten die politische Kommunikation grundlegend. In den letzten Jahren setzen die politischen Parteien vor allem auf „Online-Kampagnen". Diese haben viele Vorteile: niedrige Kosten, direkter und schneller Zugang zu den Wählerinnen und Wählern, Informationen (Botschaften) können multimedial* verbreitet werden, die Userinnen und User können durch „Likes" und „Shares" in die Kampagne miteinbezogen (mobilisiert) werden. Es passiert interaktive Kommunikation*. Die Selbstdarstellung in der Öffentlichkeit kann so ohne Einschränkungen durch Redaktionen von Zeitungen und elektronischen Medien durchgeführt werden.

B Online Kampagnen

Das am häufigsten benutzte Netzwerk in der politischen Kommunikation ist Facebook. Diese Plattform wurde 2004 von Mark Zuckerberg entwickelt und hatte Anfang 2017 weltweit 1,8 Milliarden Nutzerinnen und Nutzer, 3,7 Millionen davon stammen aus Österreich.
Alle im Parlament vertretenen Parteien haben ein Facebook-Profil. Unterschiedlich stark werden dabei die Möglichkeiten genutzt, die Userinnen und User in die Kommunikation einzubinden (Diskussionsforen, Meinungsumfragen, Chatroom, Unterstützungserklärungen, Online-Wahlkampfhilfe, ...).

1

Kein Vertrauen in die Medien? *(Symbolfoto, 2017)*

*Ein österreichischer Journalist postete 2016 auf Facebook: „Der ORF sollte die Nachrichten optional mit türkischen Untertiteln senden."
Dazu postete ein junger Mann: „Kann den wer anzünden, bitte?" Der Journalist erstattete Anzeige und es kam auch zu einem Treffen. Im Gespräch erklärte der junge Mann, dass er seit der Flüchtlingswelle 2015 den Meldungen in Zeitungen und Fernsehen nicht mehr vertraut. Seine Informationen bezieht er vor allem aus den Social Media. Er abonnierte jene Personen, die für ihn am überzeugendsten klangen. Internetforscher bezeichnen das als „Informationsblasen" und meinen damit, dass Social Media und Suchmaschinen vorauszusagen versuchen, welche Informationen der User noch lesen bzw. sehen möchte. Dadurch werden Nachrichten, die dem Standpunkt der Benutzerin oder des Benutzers widersprechen, blockiert.*

2

Die Macht von Social Media *(Screenshot, 2016, Übersetzung: „Dieser Text hat keinen anderen Zweck, als diejenigen zu erschrecken, die sich vor der arabischen Sprache ängstigen.")*

Der Berliner Journalist Nader Al-Sarras entdeckte die Tasche ursprünglich in der Berliner U-Bahn und teilte es in sozialen Netzwerken. Die Tasche war von zwei jungen Palästinenserinnen, Sana Jammalieh und Haitham Charles Haddad gestaltet worden. Über Social Media wurden die beiden so bekannt, dass die Nachfrage nach ihrem Produkt in kürzester Zeit enorm stieg. Obwohl die Aufschrift eigentlich zur Unterstützung der arabischen Minderheit in Israel gedacht war, bekommt die Tasche nun weltweit „Likes".

3 „Die am Projekt beteiligten Schülerinnen und Schüler formulierten für ihre Untersuchungen folgende Hypothesen*:
- Junge Politikerinnen und Politiker sprechen öfter junge Menschen an als ältere.
- Junge Politikerinnen und Politiker posten öfter private Posts als ältere.
- Die Grünen posten mehr zu Umweltschutz als andere Parteien.
- Regierungsparteien posten mehr zu Finanz- und Wirtschaftsthemen als die Opposition.
- Oppositionsparteien posten negativer als die Regierungsparteien.
- Oppositionsparteien posten emotionaler als die Regierungsparteien."

Quelle: FacePolitics – Politische Partizipationsangebote für Schüler/innen in sozial-interaktiven Medien am Beispiel Facebook

4

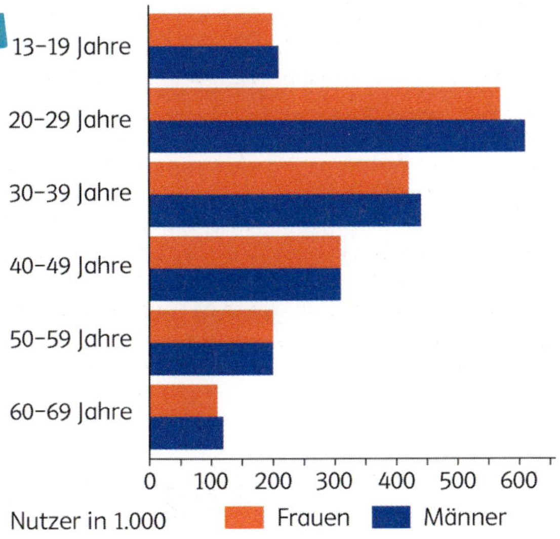

Facebook-Nutzerinnen und -Nutzer in Österreich nach Altersgruppen und Geschlecht *(Quelle: Statista GmbH, Hamburg, Dezember 2016)*

AUFGABEN

1 Erkläre, warum Social Media eine bedeutende Rolle in der politischen Kommunikation spielt A–B 4. p

2 Fasse zusammen, was man unter dem Begriff „Informationsblase" versteht 1. p

3 Arbeite einige Vorschläge heraus, wie du der Gefahr der „Informationsblase" entgehen kannst. p

4 Erkläre, warum eine Person oder ein Produkt durch Social Media leichter bekannt werden kann. 2 p

5 Interpretiere 4 nach der Methode „Statistiken auswerten" auf Seite 131. p

6 Gruppenarbeit: Wählt aus 3 eine Hypothese aus und überprüft, ob sie stimmt. p

7 Analysiere die Gestaltung und die Inhalte der Website einer von dir gewählten österreichischen politischen Partei. Begründe, warum du dir eine Mitarbeit in der Partei vorstellen bzw. nicht vorstellen könntest. p

Lexikon

Hypothese
ist eine Aussage oder Annahme, die noch nicht bewiesen ist. Durch Untersuchungen können Hypothesen verifiziert werden – das bedeutet, die Aussage bzw. Annahme ist richtig. Eine Hypothese kann durch Untersuchungen aber auch falsifiziert werden – das bedeutet, die Aussage bzw. Annahme ist nicht richtig.

interaktive Kommunikation
Kommunikation ist die Verständigung zwischen Menschen bzw. Mensch und Maschine. Erfolgt diese Verständigung wechselseitig in einem Austausch, spricht man von interaktiver Kommunikation.

multimedial
bedeutet das gleichzeitige Anwenden von Ton, Bild, Film und Text.

→ AH S. 63

Basis

1

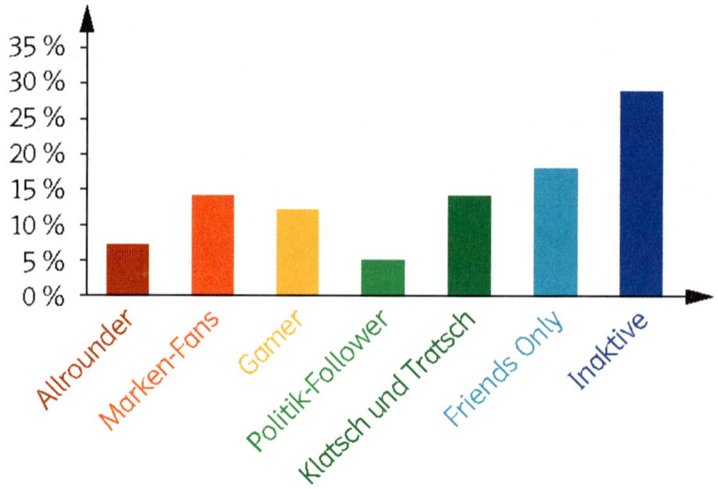

Allrounder nutzen Social Media am intensivsten und integrieren neben Freunden verschiedene Accounts aus vielen Bereichen in ihr Netzwerk.

Marken-Fans sind Intensivnutzer und integrieren neben Freunden bevorzugt Marken und Unternehmen in ihr Netzwerk.

Gamer sind sehr aktiv in sozialen Netzwerken und interessieren sich neben ihrem Freundeskreis v. a. für Spiele.

Politik-Follower sind regelmäßige Nutzer und integrieren neben Freunden bevorzugt Politiker sowie politische/gesellschaftliche Initiativen in ihr Netzwerk.

Klatsch und Tratsch Diese regelmäßigen Nutzer integrieren neben Freunden bevorzugt Prominente sowie Medien in ihr Netzwerk.

Friends Only Diese regelmäßigen Social Media Nutzer haben bisher nur Freunde in ihrem Netzwerk integriert, und keine themenspezifischen Accounts.

Inaktive haben zwar zum Teil schon soziale Medien genutzt, besuchen die entsprechenden Seiten aber äußerst selten oder gar nicht.

Social Media Nutzung in Österreich – nach Themen *(Daten und Erklärungen: GfK, Jänner 2016)*

a) Ermittle eine Rangliste, wie die Österreicherinnen und Österreicher Social Media nutzen. p
b) Charakterisiere dein eigenes Nutzungsverhalten und vergleiche es mit den Ergebnissen dieser Studie. Vergleiche es auch mit deinem Fernsehverhalten und erkläre, warum es kürzer bzw. länger als die Nutzung von Social Media ist. p
c) Gruppenarbeit: Jedes Gruppenmitglied gibt auf seinem Smartphone den gleichen Suchbegriff in eine Suchmaschine ein. Es soll ein Begriff sein, der in der aktuellen politischen Diskussion eine Rolle spielt. Vergleicht die angezeigten Ergebnisse und analysiert, warum Unterschiede aufgetreten sind. p

→ AH S. 64

Plus

2

a) Gruppenarbeit: Der Bürgermeisterin bzw. dem Bürgermeister deines Heimatortes wird vorgeworfen, nicht mehr genug an die Bürgerinnen und Bürger des Ortes zu denken. Was kannst du als Verantwortliche bzw. Verantwortlicher für die Öffentlichkeitsarbeit im Gemeindeamt tun? Entwickelt einen Vier-Punkte-Plan und stellt ihn den anderen Gruppen vor. p

b) Diskutiert anschließend eure Strategien, mit denen ihr das Ansehen und den Ruf des Gemeindeoberhauptes mittels der Medien verbessern wollt und entscheidet euch gemeinsam für eine Kampagne mit den drei erfolgversprechendsten Maßnahmen. p

3

Sean Spicer, ehemaliger Pressesprecher des amerikanischen Präsidenten Donald Trump *(Pressefoto, Fotografin Yin Bogu, 2017)*

a) Gruppenarbeit: Der Bundeskanzler hat eine Ministerin entlassen (die näheren Umstände könnt ihr in der Klasse selbst erfinden).
Stell dir vor, du bist die Pressesprecherin bzw. der Pressesprecher des Bundeskanzlers. Über Social Media sollst du diese Entscheidung der Öffentlichkeit bekannt geben. Verfasse dazu ein Posting (max. 140 Zeichen). p

b) Stell dir vor, du bist eine Journalistin bzw. ein Journalist. Finde eine gute Schlagzeile dazu. p

→ AH S. 64

Kompetenzen 2. Klasse

Internet-Recherche

1. Planung
- Stelle zuerst fest, was dich interessiert.
- Erstelle eine Stichwortliste.

2. Suchmaschinen und Links
- Wenn man die benötigte Adresse für die Internetseiten (URL) nicht kennt, braucht man die Hilfe von Suchmaschinen. Das sind Datenbanken mit Stichwörtern zu verfügbaren Informationen im Internet. Es gibt verschiedene Suchmaschinen.
- Man gibt den gesuchten Begriff ein und erhält eine Liste mit Treffern.
- Links sind Verbindungen zu anderen Internetseiten.

3. Bewertung von Informationen
Nicht alles, was im Netz steht, ist richtig. Vergleiche daher immer mehrere Seiten und kontrolliere deren Informationen. Man unterscheidet öffentliche Seiten (von Museen, Ämtern) und private Seiten. Private Seiten dienen häufig der Unterhaltung oder der Darstellung einer persönlichen Meinung. Öffentliche Seiten eignen sich meist besser zum Sammeln von Informationen. Bedenke, dass diejenigen, die eine Homepage gestalten, damit auch Werbung für ihre Auftraggeberinnen und Auftraggeber machen. Jede Homepage vertritt bestimmte Interessen.
- Was soll erreicht werden?
- Welche Ideen/Werte werden transportiert?
- Welche Perspektive wird verwendet?
- Welche Quellen werden angegeben?

4. Sichern der Informationen
Gefundene Informationen können gleich ausgedruckt oder zur weiteren Bearbeitung kopiert werden. Du musst auf jeden Fall angeben, auf welcher Seite (URL) und wann du die Information gefunden hast.

Filmausschnitte analysieren

1. Überblick
- Was ist das Thema des Filmausschnitts?
- Wann und in welchem Land wurde dieser Film gedreht?
- Hat mir der Filmausschnitt gefallen oder nicht? Begründe deine Meinung.

2. Analyse
- Aus wessen Sicht sehe ich den Ausschnitt?
- Erhebt der Film Anspruch auf Wirklichkeit?
- Wie kann ich überprüfen, ob das Gesehene richtig ist? Fallen mir Fehler auf?
- Gibt es wirklich alle verwendeten Gegenstände oder Kleider in der dargestellten Zeit? Wie wirkt die Musik?
- Wer (Personen, Nationen …) ist mir sympathisch oder unsympathisch? Wie schafft es die Regie, jemanden so wirken zu lassen?

3. Wertevorstellungen erkennen
- Was soll erreicht werden?
- Welche Ideen/Werte werden transportiert?
- Welche Perspektive wird verwendet?

Bilder lesen

1. Beschreiben (allgemein)
- Was steht im Mittelpunkt des Bildes?
- Welche Personen, Gebäude oder Gegenstände sind zu sehen?
- Welche Besonderheiten sind an ihnen zu erkennen?
- Wann und wo ist das Bild entstanden?
- Wie ist das Bild aufgebaut? Werden Symbole verwendet?

2. Beschreiben (genau)
- Welche Teile sind wichtig/unwichtig?
- Ist etwas besonders groß, hell, farbig dargestellt?
- Wie stehen/sitzen die Personen da?
- Haben sie etwas in der Hand? Wenn ja: Wer hat was in der Hand?
- Wie sind die Personen gekleidet?
- Welche Wirkung hat das Bild?

3. Erklären und interpretieren
- Was kann man über die Entstehung des Bildes herausfinden?
- Was soll mit dem Bild erreicht werden?
- Wer soll es anschauen?
- Wer könnte das Bild in Auftrag gegeben haben?
- Handelt es sich um eine Quelle oder eine Darstellung?
- Eignet sich das Bild zu einer kritischen Beschäftigung mit der Vergangenheit?
- Entspricht die Abbildung den Gestaltungsmerkmalen (Herrscherporträt, Karikatur, ...)?

Geschichtskarten lesen

1. Thema, Orientierung und Zeit
Stelle zunächst fest, zu welchem Thema die Karte gemacht wurde, wann sie gezeichnet wurde und über welchen Zeitraum sie Aufschluss gibt. Karten können sowohl Quellen als auch Darstellungen sein. Quellen sind genau in der Zeit entstanden, die sie abbilden, Darstellungen erst später. Handelt es sich um eine Quelle oder eine Darstellung? Welche Teile (Kontinente, Gewässer, Städte, Gebirge, ...) kennst du bereits?

2. Einzelheiten erfassen
Eine Karte mit Kartenlegenden bietet dir viele Informationen. Welche Kartenzeichen oder Farben werden erklärt? Welche Orte und Ereignisse werden bestimmt? Wird eine historische Entwicklung dargestellt? Was sind die zentralen Aussagen der Karte?

3. Karte „kritisch" lesen
Welche Inhalte werden besonders hervorgehoben? Was wird auf dieser Karte nicht gezeigt? Gibt es Unterschiede zu einer Karte mit demselben Thema? Interpretiere, warum sich manche Karten zum selben Thema unterscheiden. Benötigt man zum besseren Verständnis der Karte noch zusätzliche Informationen?

Diese Methoden wurden in Bausteine 2 auf den Seiten 17, 25, 33, 49, 69 und 81 erstmals erarbeitet.

Schriftliche Quellen auswerten

1. Welche Wörter sind unbekannt?
   Suche die Erklärungen in einem Lexikon oder einem Wörterbuch.
2. Welche Personen, Orte und Daten werden genannt?
3. Worüber wird in dem Text berichtet?
   Versuche, den Inhalt in eigenen Worten kurz zusammenzufassen.
4. Wen soll dieser Text informieren?
5. Kann man über die Verfasserin/den Verfasser etwas erfahren? Beruf, gesellschaftliche Stellung, woher sie/er die Information hat ...
6. Welche Absicht hatte die Schreiberin oder der Schreiber? Soll jemand oder etwas besonders gut oder schlecht gemacht werden? Weshalb?
7. Wann ist die Quelle entstanden?
8. Ist die Quelle vollständig?
9. Welche Fragen kann die Quelle beantworten?
   Welche nicht?

Historische Fragen stellen

Du sollst im Geschichtsunterricht zwei Fähigkeiten entwickeln: herausfinden, welche Fragen die Verfasserinnen und Verfasser von Erzählungen über die Vergangenheit an die Vergangenheit gestellt haben und selbst Fragen an die Vergangenheit stellen.

Mögliche Fragen könnten sein:
1. Wer hat was getan?
2. Wann und wo hat jemand etwas getan?
3. Wie und warum hat jemand etwas getan?
4. Zu welchem Zweck wird die Vergangenheit so erzählt?
5. Auf welche Art und Weise wird von der Vergangenheit erzählt?
6. Soll jemand oder etwas besonders gut oder schlecht gemacht werden?
7. Welche Fragen an die Vergangenheit können mit der historischen Quelle beantwortet werden?
8. Welche Fragen wurden versucht, mit der Geschichtsdarstellung zu beantworten?

Kompetenzen 3. Klasse

Pro-und-Kontra-Diskussion

1. Sammle stichwortartig Argumente für deinen Standpunkt.
2. Überlege, welche Begründungen besonders überzeugend sind.
3. Formuliere deine Argumente. Die überzeugendsten Begründungen sollten am Schluss der Diskussion kommen.
4. Überlege auch, welche Argumente deine Gegnerinnen und Gegner in der Diskussion haben könnten. Suche dir geeignete Entgegnungen.
5. Beachte die Gesprächsregeln.
   Höre zu und unterbrich die anderen nicht.

Karikaturen verstehen

1. Überblick

Zusätzlich zur Methode „Bilder lesen" kommen noch folgende Fragen dazu:

- Wie heißt die Karikatur?
- Wann und wo wurde sie veröffentlicht?
- Welche Symbole werden verwendet?
- Wofür stehen sie?
- Was sagt der Text zur Karikatur aus?

2. Analyse

- Welche Situation/Person oder welches Ereignis wird dargestellt?
- Welche Meinung hat die Zeichnerin oder der Zeichner zum Thema?

3. Interpretation

- In welchem historischen und gesellschaftlichen Zusammenhang ist die Karikatur entstanden?
- Ist das Urteil/die Meinung der Zeichnerin oder des Zeichners für dich richtig?
- Begründe deine Meinung.

Erstellen einer Wandzeitung

1. Definiere: Was genau möchte ich darstellen?
   Analysiere: Welche Quellen und Geschichtsdarstellungen kann ich verwenden?
   Beurteile:
   Sind diese glaubhaft?
   Auf welche Fragen geben sie Auskunft?
2. Fasse so alle notwendigen Informationen zum gewählten Thema zusammen.
3. Gliedere das Thema in mehrere Kapitel und ordne die Informationen zu.
4. Schreibe jeweils dazu, welche Quelle du benutzt hast.
5. Gestalte nun deine Wandzeitung. Überlege dabei: Wie groß soll sie werden? Wo soll welches Kapitel Platz finden? Ist sie übersichtlich und leicht verständlich?
6. Zur Gestaltung wichtig sind:
   a) nur kurze, eigene Texte
   b) Schrift/Farbe (sollen Inhalte hervorheben)
   c) Bilder und Zeichnungen oder Diagramme, verschiedene Symbole
7. Verfasse eine eigene Meinung zum Thema.
8. Lasse Platz, damit auch andere zu dem Thema oder deiner Meinung Stellung nehmen können.

Mindmap erstellen

1. Nimm eine A4-Seite im Querformat.
2. Schreibe das Thema in Blockbuchstaben in die Mitte des Blattes und kreise es ein.
3. Hauptäste führen vom Thema weg. Auf jeden schreibst du ein Schlüsselwort in Blockschrift. Du kannst für die Hauptäste verschiedene Farben wählen.
4. Von den Hauptästen führen dünnere Nebenäste weg. Nebenäste haben die Farbe des jeweiligen Hauptastes. Schreib auf jeden ein Stichwort, das zum Schlüsselwort passt. Verwende nun auch Kleinbuchstaben.
5. An die Nebenäste kannst du noch weitere Zweige anhängen.
6. Zeichne eventuell ein Bild dazu!

Plakate analysieren

1. Überblick

- Beschreibe, was auf dem Plakat abgebildet ist. Betrachte alle Einzelheiten wie bei der Methode „Bilder lesen“ auf Seite 130.

2. Analyse

- Welche Farben, welche Symbole, welche Schriften werden verwendet? Hier muss man sich oft zusätzliche Informationen beschaffen (Lexika, Sachbücher, Internet …).
- Wer will mit dem Plakat welche Zielgruppe erreichen?
- Was soll mit Bild und Text zum Ausdruck gebracht werden?
- Wird vorwiegend informiert oder wird zu etwas aufgefordert?

3. Interpretation

- In welchem historischen und gesellschaftlichen Zusammenhang ist das Plakat entstanden?
- Welche Bedeutung hat das Plakat für die Gegenwart?
- Wie wirkt das Plakat auf mich? Warum spricht es mich an? Warum lehne ich es ab?

Statistiken auswerten

1. Überblick

- Worum geht es in der Statistik? (Überschrift, Legende, Beschriftung)
- Welchen Zeitraum umfassen die Angaben?
- Wie werden die Daten dargestellt? (Tabelle, Grafik, Prozentzahlen, absolute Zahlen)
- Sind die Daten übersichtlich dargestellt und vollständig? (Maßstab, Datenmengen)

2. Analyse

- Welche Methode wurde verwendet?
- Was sagen die angegebenen Daten genau aus?
- Lassen sich Entwicklungen beschreiben?

3. Interpretation

- Beruhen die Zahlen auf Schätzungen oder genauen Zählungen? Welche Quellen wurden verwendet?
- Wer hat die Statistik erstellt bzw. in Auftrag gegeben?
- Zu welchem Zweck wird bzw. wurde die Darstellung erstellt und verwendet oder könnte verwendet werden?

Diese Methoden wurden in Bausteine 3 auf den Seiten 27, 51, 65, 67, 105 und 123 erstmals erarbeitet.

Kompetenzen 4. Klasse

Fotos analysieren

1. Überblick
- Stelle fest, aus welcher Zeit das Foto stammt, und beschreibe das Bild in allen Einzelheiten.

2. Analyse
- Ermittle, wer das Foto gemacht hat und wo es aufgenommen wurde.
- Kläre, ob das Bild nur einen Ausschnitt aus einem Foto zeigt und ob das Bild bearbeitet wurde.
- Erkläre, welches historische Ereignis wie dargestellt wurde. Was erscheint am wichtigsten?
- Recherchiere, ob auf dem Foto ein Ereignis nachgestellt wurde.

3. Interpretation
- Begründe, warum das Foto geschossen wurde, und erörtere, welches Ziel erreicht werden soll.
- Untersuche, wie dieses Ziel erreicht wurde.
- Schildere, was dir am Dargestellten am wichtigsten zu sein scheint.
- In welchem historischen und gesellschaftlichen Zusammenhang ist das Foto entstanden?

Politisches Lied analysieren

1. Überblick
- Wie heißt das Lied und wer singt es?
- Wer hat den Text, wer die Musik geschrieben?
- Wann ist das Lied entstanden?
- Was ist der Inhalt des Liedes?

2. Analyse
- Was sagt der Titel des Liedes aus?
- Um welche Ereignisse geht es?
- Welches Problem wird im Lied angesprochen?

3. Interpretation
- Wie klingt der Text? Ist er irgendwie anklagend, aufrührerisch, spöttisch, aufmunternd …?
- Was hat die Autorin oder der Autor des Liedtextes damit beabsichtigt?
- In welchem historischen und gesellschaftlichen Zusammenhang ist das Lied entstanden?

Zeitzeugen befragen

1. Vorbereitung
- Überlege, welche Personen du zu diesem Thema befragen könntest.
- Schreibe dir die Fragen für das Interview auf.

2. Befragung
- Stelle keine Fragen, die man nur mit „Ja" oder „Nein" beantworten kann.
- Sorge dafür, dass die Aussagen lückenlos aufgezeichnet werden. Am besten eignet sich eine Videokamera.

3. Kritische Auswertung
- Vergleiche die Informationen aus dem Interview/den Interviews mit den Angaben in Fachbüchern. Notiere Unterschiede.
- An welchen Stellen ist eine persönliche Meinung erkennbar?
- Wird jemand besonders gut oder schlecht dargestellt?

Ein Denkmal entschlüsseln

1. Überblick
- Was siehst du? (Gebäude, Figur, ...)
- Was steht im Mittelpunkt?
- Was steht auf der Gedenktafel?
- Wie lautet der Name des Denkmals und wie wird es üblicherweise genannt?
- Wo steht das Denkmal?

2. Analyse
- Wer ist die Künstlerin oder Künstler des Denkmals?
- Wer gab den Auftrag?
- Was hat der Aufstellungsort mit dem Denkmal zu tun? Welche Wirkung sollen die Darstellung und die Inschrift haben?
- Wann wurde es aufgestellt?

3. Interpretation
- Zu welchem Zweck wurde es errichtet?
- Wie wurde das Denkmal von der Bevölkerung beurteilt?
- Gab es Kritik oder Lob? Von wem? (Nicht immer sind alle Fragen beantwortbar.)
- Welche Gefühle erzeugt das Denkmal bei dir? Was sagt es für dich aus? Wie beurteilst du es?

Diese Methoden wurden in Bausteine 4 auf den Seiten 41, 65, 75 und 93 erstmals erarbeitet.

Stichwortverzeichnis

Quellenverzeichnis

Textquellen:
S. 8: http://www.digital.wienbibliothek.at/wbrobv/content/titleinfo/474967, Abruf: 04.05.2017; **S. 10**: zusammengestellt aufgrund von Markenbelegen und Forschungen des INFLA-Berlin e.V. Verein der Deutschland-Sammler, dem größten überregionalen Verein im Bund Deutscher Philatelisten, http://www.infla-berlin.de/14_Inflationsbelege/Inflationsbelege.php, Abruf: 15.06.2016; **S. 12**: zusammengestellt aus verschiedenen Quellen; E.E. Houston, Ford Produktion Departement, August 3, 1927; Tom Collins, The Legendar Model T Ford, The Ultimate History of America's First Great Automobile; Allan Nevins und Frank Ernest Hill, Ford, The times, the man, the company, Michigan 1954, Lindsay Brook, Ford Model T: The Car That Put the World on Wheels, 2008; Die Schwierigkeit bei Statistiken dieser Art sind unterschiedliche Rechnungen der Fiskaljahre, die in den verschiedenen Jahren unterschiedliche Monate umfassten. Eine zweite Problematik stellt die Preisstatistik dar, weil es verschiedene Modellvarianten mit unterschiedlichen Ausstattungen gab. Die Tabelle zeigt daher grobe Richtwerte; **S. 14**: Rudolf Hoke, Ilse Reiter, Quellensammlung zur österreichischen und deutschen Rechtsgeschichte, Böhlau Verlag, 1993, S. 523; **S. 17**: Daten aus: Manfred Hildermeier, Geschichte der Sowjetunion, 1917–1991, Verlag C.H. Beck, 1998; **S. 21**: Daten aus: Sebastian Haffner, Anmerkungen zu Hitler, München 1987; **S. 22**: Daten aus: Manuela Hoffmann, Entstehung und wirtschaftliche Konsequenzen des deutsch-österreichischen Vermögensvertrags. Diss. Kassel, 2007, S. 24; **S. 22**: Zeitzeugeninterview mit Jakob Bachlechner, geführt und transkribiert von Michael Bachlechner, 2009; **S. 27**: nach: Günter Kaufmann, Das kommende Deutschland, Die Erziehung der Jugend im reich Adolf Hitlers, Berlin, 1943; **S. 33**: Die Suche, Jutta Weiler, Julia Franz, Dilek Geyik, Eric Heuvel, Matthias Kaiser, Lies Schippers, Ruud van der Rol, Schroedel Verlag, 2010, S. 33: zitiert nach: Manfred Jochum, 80 Jahre Republik, Wien 1998; **S. 35**: Badische Zeitung, 15.3.2014; **S. 36**: zitiert nach: Klee, Ernst (Hg.): „Schöne Zeiten": Judenmord aus der Sicht der Täter und Gaffer. 3. Auflage, Frankfurt am Main, Fischer 1988; **S. 37**: übersetzt aus dem Englischen und gekürzt von Autorin Conny Benedik nach Originalquellen von Augenzeugen aus Yad Vashem; **S. 42**: nach: Erlaß über die Ausübung der Kriegsgerichtsbarkeit im Gebiet „Barbarossa" und über besondere Maßnahmen der Truppe, 13. Mai 1941, Original, BArch RW 4/v. 577, Bl. 72–75, Faksimile: Bundesarchiv Freiburg; **S. 61**: Urbanisation Prospects, 2015, https://esa.un.org/unpd/wup/publications/files/wup2014-highlights.Pdf, Abruf: 14.09.2016; **S. 64**: Advanced Chemistry, Fremd im eigenen Land, Part I, 1992; **S. 75**: Transkription eines Ausschnitts einer Radio-Sendereihe (FRO 105,0): Brüche – Radioprojekt zu Lebenswelten tschechischer und oberösterreichischer Frauen, Gestaltung: Spacefemfm-Team; produziert am: 12. September 2006; RedakteurInnen: Claudia Dworschak, Edith Karl, Elfriede Ruprecht-Porod, Eva Immervoll, Helga Schager, Hildegard Griebl-Shehata, Margit Happerger, Michaela Schoissengeier, Sabine Schauer, Sonja Garstenauer, Susanne Wiesmayr; Ausschnitt: Soziologin Hanna Havelkova, Minute 13.10 bis 14.09; **S. 79**: Arik Brauer, „Sein Köpferl in Sand", 2015, S. 82: „Arbeiterzeitung" vom 15. Juli 1927, zit. nach http://www.dasrotewien.at/online/page.php?P=11556, Abruf: 15.05.2017; **S. 82**: Reichspost vom 15. Juli 1927, http://www.wienerzeitung.at/nachrichten/archiv/182949_Der-15.-Juli-des-Jahres-1927-Ein-Schicksalstag-der-Ersten-Republik.html, Abruf: 15.05.2017; **S. 87**: Statistik Austria (Öffentlicher Schuldenstand 1980–2010) erstellt am: 31.3.2011; **S. 89**: https://www.gewaltinfo.at/uploads/pdf/bmwfj_gewaltbericht_2009_keinplatzfuergewalt.pdf, Abruf: 16.5.2017; **S. 91**: Interview mit Dr. Heinz Fischer im Rot-weiß-rot-Journal für Auslandsösterreicher, 2013; **S. 91**: Kronen-Zeitung, 1. August 1923; **S. 94**: zitiert nach http://www.demokratiezentrum.org/fileadmin/media/pdf/uhl_opfer.pdf, Abruf: 15.05.2017; **S. 98**: Statistik Austria, http://www.statistik.at/web_de/statistiken/menschen_und_gesellschaft/bevoelkerung/internationale_uebersich/036446.html, Abruf: 17.05.2017; **S. 98**: Graphik erstellt auf Basis der Theorie der „Tragfähigkeit der Erde" von Robert Malthus, stark vereinfacht; **S. 99**: zitiert nach Die Presse, 27.12.2015; **S. 100**: Statistik Austria, wko.at/statistik/Extranet/Langzeit/GLang-Beschaeftigtenstruktur.pdf, Abruf: 17.05.2017; **S. 100**: zitiert nach Die Presse, 17. Juni 2014; **S. 104**: Daten von World Bank, Nationale Statistische Ämter, Statista 2016; **S. 105**: zitiert nach Wiener Zeitung, 14.09.2016; **S. 106**: zitiert nach Die Presse, 1. Februar 2010; **S. 110**: Der Standard, 21.05.2015; **S. 110**: Statistik Austria, Lohnsteuerdaten – Sozialstaatliche Auswertungen, erstellt am 15.01.2016; **S. 111**: Arbeiterzeitung, 31. Jänner 1927; **S. 111**: Reichspost, 31. Jänner 1927; **S. 114**: www.parlament.gv.at, Abruf: 15.09.2016; **S. 115**: zitiert nach arte, VOXPOP, Magazin vom 17.11.2014; **S. 115**: zitiert nach Standard, 3. Dezember 2004; **S. 120**: zusammengestellt nach: https://www.br.de/nachrichten/falschmeldungen-macher-facebook-google-100.html, Abruf: 16.06.2017; **S. 121**: zitiert nach Informationen zur Politischen Bildung, Nr. 35, S. 51; **S. 122**: zitiert nach www.saferinternet.at, Abruf: 15.05.2017; **S. 123**: Daten von http://www.media-analyse.at/table/2698, Abruf: 15.05.2017; **S. 125**: https://facepolitics.wordpress.com/projektnews/, Abruf: 17.09.2016; **S. 125**: Daten von We Are Social; Hootsuite, Statista, 2016; **S. 126**: Daten von http://www.digitalschmankerl.at/studien-social-media-bilder-oesterreich/, Abruf: 15.05.2017

Bildquellen:
S. 6: akg-images / picturedesk.com; Bürgerlich-demokratische Partei / ÖNB-Bildarchiv / picturedesk.com; Alfred Kantor; ÖNB-Bildarchiv / picturedesk.com; **S. 7**: GEORG HOCHMUTH / APA / picturedesk.com; **S. 8**: United States Information Servic / ÖNB-Bildarchiv / picturedesk.com; **S. 9**: Bürgerlich-demokratische Partei / ÖNB-Bildarchiv / picturedesk.com; ÖNB-Bildarchiv / picturedesk.com; Schönpflug Firtz, 1919 / ÖNB-Bildarchiv; **S. 10**: Baptiste / Interfoto / picturedesk.com; akg-images / picturedesk.com; **S. 12**: Rob Byron / Fotolia.com; Getty Images; **S. 13**: miflippo / Thinkstock; Illustrated London News Ltd / Mary Evans / picturedesk.co; **S. 14**: ÖNB-Bildarchiv / picturedesk.com; ÖNB-Bildarchiv / picturedesk.com; **S. 15**: akg-images / picturedesk.com; Roger Viollet / picturedesk.com; **S. 16**: Deutsches Historisches Museum, Berlin; akg-images / picturedesk.com; **S. 17**: akg-images / picturedesk.com; **S. 18**: BArch / Plak 003-002-046 / René Ahrlè; Leone / Ullstein Bild / picturedesk.com; **S. 19**: ullstein bild / Ullstein Bild / picturedesk.com; Boris Jefimov; **S. 20**: Scherl / SZ-Photo / picturedesk.com; akg-images / picturedesk.com; **S. 21**: Friedrich / Interfoto / picturedesk.com; **S. 22**: Hilscher, Albert / ÖNB-Bildarchiv / picturedesk.com; **S. 23**: Hilscher, Albert / Österr. Nationalbibliothek / picturedesk.com; ullstein bild / Ullstein Bild / picturedesk.com; Weltbild / Österr. Nationalbibliothek / picturedesk.com; **S. 24**: akg-images / picturedesk.com; akg-images / picturedesk.com; **S. 25**: DÖW; Between The Wars / TopFoto / picturedesk.com; AFP / picturedesk.com; **S. 26**: Scherl / SZ-Photo / picturedesk.com; Scherl / SZ-Photo / picturedesk.com; akg-images / picturedesk.com; akg-images / picturedesk.com; **S. 27**: Sammlung Rauch / Interfoto / picturedesk.com; **S. 28**: Martin Siepmann / Westend61 / picturedesk.com; **S. 29**: ullstein bild / Ullstein Bild / picturedesk.com; Christian M. Kreuziger / picturedesk.com; **S. 30**: Scherl / SZ-Photo / picturedesk.com; Anonym / Imagno / picturedesk.com; **S. 31**: Sammlung Rauch / Interfoto / picturedesk.com; Stadtarchiv Salzburg, Fotoarchiv Franz Krieger; **S. 32**: akg-images / picturedesk.com; Alfred Kantor; **S. 33**: Die Suche, Jutta Weiler, Julia Franz, Dilek Geyik, Eric Heuvel, Matthias Kaiser, Lies Schippers, Ruud van der Rol, Schroedel Verlag, 2010; **S. 34**: Stephen Morrison / EPA / picturedesk.com; Winfried Rothermel / dpa Picture Alliance / picturedesk.com; Fehim Demir / EPA / picturedesk.com; **S. 35**: eyevine / Eyevine / picturedesk.com; **S. 38**: Fototeca Gilardi / akg-images / picturedesk.com; ullstein – Thiele-Malwitz / Ullstein Bild / picturedesk.com; War / TopFoto / picturedesk.com; ayzek / Thinkstock; **S. 39**: Urs Schweitzer / akg-images / picturedesk.com; **S. 40**: dpa / picturedesk.com; **S. 42**: awkz / Interfoto / picturedesk.com; ullstein bild / Ullstein Bild / picturedesk.com; **S. 43**: Sammlung Rauch / Interfoto / picturedesk.com; Heinrich Tannhäuser / Interfoto / picturedesk.com; **S. 44**: War / TopFoto / picturedesk.com; AP1942 / AP / picturedesk.com; **S. 45**: US AIR FORCE HO / EPA / picturedesk.com; ullstein bild / Ullstein Bild / picturedesk.com; Croy, Otto / ÖNB-Bildarchiv / picturedesk.com; **S. 46**: ullstein – ullstein bild / Ullstein Bild / picturedesk.com; ullstein – Grimm / Ullstein Bild / picturedesk.com; **S. 47**: Walter Hahn / AFP / picturedesk.com; sofla / Interfoto / picturedesk.com; Leone / Ullstein Bild / picturedesk.com; **S. 48**: Urheber unbekannt, aus der Tageszeitung „Neues Österreich", 20. Juli 1946; **S. 49**: Wilfried Huss / Wikimedia Commons – Public Domain; **S. 50**: Daily Mail London, 1962; ullstein – Thiele-Malwitz / Ullstein Bild / picturedesk.com; **S. 51**: CTK / picturedesk.com; **S. 52**: APA Picturedesk-Grafik / picturedesk.com; Hubertus Kanus / Interfoto / picturedesk.com; **S. 53**: Thomas Coex / AFP / picturedesk.com; Martin Furtschgegger, Wien; **S. 54**: STEPHEN MORRISON / EPA / picturedesk.com; **S. 55**: Emilio Morenatti / AP / picturedesk.com; **S. 56**: Ullstein Bild / picturedesk.com; ullstein bild / Ullstein Bild / picturedesk.com; **S. 57**: Fototeca Gilardi / akg-images / picturedesk.com; Dr. Peter Lindlein; **S. 58**: Khvost / Fotolia.com; moodboard / Thinkstock; **S. 59**: Nyein Chan Naing / EPA / picturedesk.com; Science Source / PhotoResearchers / picturedesk.com; ZICK, JOCHEN / Action Press / picturedesk.com; **S. 60**: Han jingyu / AP / picturedesk.com; Science Photo Library / picturedesk.com; **S. 61**: Sun Ruibo Xinhua / Eyevine / picturedesk.com; Bernd Jonkmanns / laif / picturedesk.com; **S. 62**: Seth Mcallister / AFP / picturedesk.com; MATT CAMPBELL / AFP / picturedesk.com; **S. 63**: Ali Ali / laif / picturedesk.com; TVW / picturedesk.com; **S. 65**: DVD-Cover, ORF-Landesstudio Oberösterreich, Regie und Drehbuch Walter Wippersberg, Produktion Wolfgang Ainberger, Peter Wustinger, Kamera Karl Benedikter, Schnitt Reinhard Molterer; **S. 66**: Daniel Kalker / dpa / picturedesk.com; ayzek / Thinkstock; **S. 67**: german-images / F1Online / picturedesk.com; Ben Stansall / AFP / picturedesk.com; **S. 68**: Erwin Schuh / picturedesk.com; Robert Jäger / APA-Archiv / picturedesk.com; **S. 69**: Lydie_B / Thinkstock; **S. 70**: ullstein – ADN-Bildarchiv / Ullstein Bild / picturedesk.com; First Look / picturedesk.com; **S. 71**: Nick Hannes / Reporters / picturedesk.com; Caro / Caro / picturedesk.com; Valery Sharifulin / Tass / picturedesk.com; **S. 72**: Daniel Biskup / laif / picturedesk.com; Caro / Caro / picturedesk.com; **S. 73**: dpa / picturedesk.com; AP / picturedesk.com; **S. 74**: GRZEGORZ MICHALOWSKI / EPA / picturedesk.com; **S. 75**: Jakob Ratz / Zuma / picturedesk.com; **S. 76**: Patrick Hertzog / AFP / picturedesk.com; **S. 77**: Robert Geiss / dpa Picture Alliance / picturedesk.com; 2016 Anadolu Agency / Getty Images; **S. 79**: ullstein bild / Heritage Images / Fine Art Images; Arik Brauer / OTS; **S. 80**: ÖNB-Bildarchiv / picturedesk.com; Imagno / picturedesk.com; Ernst Weingartner / picturedesk.com; TopFoto / picturedesk.com; **S. 81**: Bernd Weissbrod / dpa / picturedesk.com; **S. 82**: ÖNB-Bildarchiv / picturedesk.com; **S. 83**: © ullstein bild / Ullstein Bild / picturedesk.com; Keystone / ÖNB-Bildarchiv / picturedesk.com; ullstein bild / Ullstein Bild / picturedesk.com; **S. 84**: ullstein bild / Ullstein Bild / picturedesk.com; Votava / Imagno / picturedesk.com; **S. 85**: Wienbibliothek; **S. 86**: ÖNB-Bildarchiv / picturedesk.com; Friedrich Muhr / Interfoto / picturedesk.com; **S. 87**: Verein für Geschichte der ArbeiterInnenbewegung, Wien; **S. 88**: © Die Grünen; Freiheitliche Partei Österreich; © NEOS; © ÖVP; © SPÖ; **S. 89**: © Everett Collection / Everett Collection / picturedesk.com; **S. 90**: k.A. / Imagno / picturedesk.com; ÖNB-Bildarchiv / picturedesk.com; **S. 91**: ullstein bild / Ullstein Bild / picturedesk.com; Bilderbox / ChromOrange / picturedesk.com; **S. 92**: Michael Bachlechner, Mayrhofen; Jeff Mangione / KURIER / picturedesk.com; **S. 93**: Gabriela Swoboda-Asmera, Wien; Gabriela Swoboda-Asmera, Wien; **S. 94**: Harald Jahn / picturedesk.com; **S. 95**: Rubra / APA Picturedesk / picturedesk.com; MEISSNER, PETER / Action Press / picturedesk.com; **S. 96**: Westend61 / picturedesk.com; Johannes Fuchsberger, Salzburg; **S. 97**: akg-images / picturedesk.com; Franz Niedertscheider, Mayrhofen; **S. 98**: Science Photo Library / picturedesk.com; Bruno Morandi / laif / picturedesk.com; **S. 100**: Zhong yang / AP / picturedesk.com; Artyom Geodakyan / Tass / picturedesk.com; zerocreatives / Westend61 / picturedesk.com; **S. 102**: KÖRNER, MICHAEL / Action Press / picturedesk.com; **S. 103**: ullstein bild / Ullstein Bild / picturedesk.com; Christian Pawelka, Mayrhofen; Science Photo Library / picturedesk.com; **S. 104**: Virginia Mayo / AP / picturedesk.com; **S. 105**: © Arbeiterkammer; © WKO; © ÖGB; Landwirtschaftskammer Österreich; Robert Jäger / APA Picturedesk-Archiv / picturedesk.com; **S. 106**: © glen gaffney / Fotolia.com; Zoonar RF / Thinkstock; **S. 107**: Sudowoodo / Thinkstock; TV-yesterday / Interfoto / picturedesk.com; Sammlung Rauch / Interfoto / picturedesk.com; **S. 108**: Luo Huanhuan / Action Press / picturedesk.com; Egon Bömsch / imageBROKER / picturedesk.com; Michael Gruber / EXPA / picturedesk.com; **S. 109**: akg-images / picturedesk.com; akg-images / picturedesk.com; Anonym / Imagno / picturedesk.com; akg-images / picturedesk.com; Chris J Ratcliffe / AFP / picturedesk.com; Barbara Gindl / APA Picturedesk-Archiv / picturedesk.com; **S. 110**: Willfried Gredler-Oxenbauer / picturedesk.com; **S. 111**: Helmut Meyer zur Capellen / imageBROKER / picturedesk.com; Hilscher, Albert / ÖNB-Bildarchiv / picturedesk.com; **S. 112**: Roland Schlager / APA Picturedesk / picturedesk.com; Georg Hochmuth / APA Picturedesk / picturedesk.com; Heike Arlt, Wien; VadimGuzhva / Fotolia; **S. 113**: Thomas Peintinger, Wien; **S. 114**: klickit / Fotolia.com; **S. 115**: Mondadori Portfolio / Archivio Giorgio Lotti / Giorgio Lotti / Getty Images; Heike Arlt, Wien; **S. 116**: Michael Gruber / EXPA / picturedesk.com; Roland Schlager / APA / picturedesk.com; **S. 117**: HERBERT PFARRHOFER / APA / picturedesk.com; Georg Hochmuth / APA Picturedesk / picturedesk.com; **S. 118**: Peter Kurz / Contrast / picturedesk.com; Erwin Schuh / picturedesk.com; **S. 119**: © Amnesty International; Ärzte ohne Grenzen / Médecins Sans Frontières (MSF) Austria; Greenpeace / Stichting Greenpeace Council; ZARA / Zivilcourage und Anti-Rassismus-Arbeit; Attac Österreich; Alex Halada / PHOENIX Produktions / picturedesk.com; **S. 120**: 2288 / Eyedea / picturedesk.com; **S. 121**: karelnoppe / stock.adobe.com / Fotolia.com; **S. 122**: Milenko Badzic / First Look / picturedesk.com; scanrail / Thinkstock; **S. 124**: Terminator3D / Thinkstock; Nadar Alsarras; **S. 125**: arrow / Fotolia; VadimGuzhva / Fotolia; **S. 127**: Ernst Weingartner / picturedesk.com; Yin Bogu / Action Press / picturedesk.com